Tomaten

Genussvoll kochen
mit der vielseitigen Frucht

Tomaten

Genussvoll kochen
mit der vielseitigen Frucht

Deutschland · Schweiz · Österreich

Inhalt

Suppen und Salate 16

Vorspeisen und kleine Gerichte 50

Hauptgerichte mit Geflügel und Fleisch 84

Hauptgerichte mit Fisch und Meeresfrüchten 120

Vegetarische Hauptgerichte 154

Tomaten – beliebt wie kein anderes Gemüse

Tomaten stehen hoch im Kurs – und zwar weltweit. Das war nicht immer so. Seefahrer brachten die Pflanzen wohl Anfang des 16. Jh. aus Mittel- bzw. Südamerika nach Europa, wo sie mit ihren hübschen gelben Blüten als Zierpflanzen bewundert wurden. Für den Verzehr hielt man sie erstmal nicht geeignet. Vielleicht, weil experimentierfreudige Europäer die Blätter und/oder die unreifen grünen Früchte probiert hatten und anschließend von Übelkeit und Kopfschmerzen geplagt wurden, vielleicht aber auch, weil man in Tomaten gewisse magische Kräfte vermutete, die Liebeswahn hervorrufen würden – Bezeichnungen wie Liebesapfel und Paradeiser lassen sich darauf zurückführen. In Spanien und Süditalien hielt die aromatische Frucht zwar bereits im 16. Jh. Einzug in die Küche, doch erst im Lauf des 19. Jh. begann man in anderen Ländern Europas, (reife) Tomaten kulinarisch zu entdecken und zu schätzen. Jetzt bürgerte sich auch die Bezeichnung Tomate ein, die vom aztekischen Wort *xitomatl* abgeleitet wurde.

BUNTE SORTENVIELFALT

Mit der johannisbeergroßen, gelben, süßlichen Ur-Tomate, die von den Ureinwohnern Mittelamerikas bereits etwa 200 v. Chr. kultiviert wurde, haben die heutigen Tomaten optisch und geschmacklich nicht mehr allzu viel gemein. Botanisch gehören Tomaten ebenso wie Kartoffeln, Paprika und Auberginen zur Familie der Nachtschattengewächse (*Solanaceae*), außerdem sind sie – botanisch betrachtet – Beeren und damit Früchte. Da Tomaten jedoch wie Gemüse verwendet werden, spricht man von Fruchtgemüse.

Weltweit die Nummer eins
120 Mio. Tonnen werden rund um den Globus angebaut, der größte Teil (50 Mio. Tonnen) davon in China. Italien ist mit 5 Mio. Tonnen pro Jahr der Hauptproduzent in Europa. Hierzulande liegt der Pro-Kopf-Verbrauch bei etwa 25 kg, eingeschlossen sind frische Tomaten und sämtliche verarbeitete Tomatenprodukte wie Dosentomaten, Tomatenmark und Tomatenketchup.

Schätzungsweise gibt es 2 500 bis 3 500 bekannte Tomatensorten. Wenn man unbekannte Sorten, die in Privatgärten auf der ganzen Welt angebaut werden, hinzuzieht, dürften es um die 15 000 sein. Zum Vergleich: Vor 150 Jahren soll es noch 36 000 Sorten gegeben haben.

Nach ihrer Form, Größe und Konsistenz teilt man Tomaten grob in Gruppen ein, denen zahlreiche Sorten mit unterschiedlichsten Farben, Formen und Aromen zugeordnet werden. Die runden, eier- oder birnenförmigen Früchte können rot, orange, gelb, grün oder violett, einfarbig oder gestreift sein.

- **Rund-, Kugel- oder Stabtomaten**
  Diese runden Tomaten werden am häufigsten verwendet. Zum Schmoren im eigenen Saft, für Tomatensaucen und -suppen, für Salate und als Garnitur sind sie gut geeignet.

- **Strauch- oder Rispentomaten**
  Sie werden am Stängel hängend als ganze Rispe angeboten. Die Stängel sind es übrigens, die den typischen Tomatengeruch verströmen – nicht die Früchte. Im Vergleich zu den Rundtomaten haben sie weniger Flüssigkeit, weniger Kerne, einen kräftigeren Geschmack und sind fester. Sie sind ideal für Salate und Aufläufe sowie als Pizza- und Brotbelag.

- **Fleischtomaten**
  Die großen, prallen oder stark gerippten Früchte sind sehr saftig, haben besonders viel Fruchtfleisch, nur wenige Kerne und lassen sich gut schneiden. Sie schmecken süßlicher als Rund- oder Strauchtomaten. Oft wiegen sie zwischen 100 und 250 g, sehr große Exemplare können bis zu 1 kg schwer werden.

- **Flaschen-, Roma- oder Eiertomaten**
  Die länglichen Früchte haben einen hohen Fleischanteil, sehr wenige Kerne und ein intensives Aroma. Bekannte Vertreter dieser Gruppe sind z. B. die Sorten *Roma* und *San Marzano*.

- **Cocktail- oder Kirschtomaten**
  Die kleinen Tomaten mit einem Durchmesser von bis zu etwa 2,5 cm haben noch die größte Ähnlichkeit mit der Urtomate. Ihr Aroma ist besonders intensiv und süßer als das anderer Tomaten.

KÖSTLICHE GESUNDHEITSPAKETE

Tomaten sind kalorienarm (in 100 g stecken im Durchschnitt gerade mal 17 kcal). Gleichzeitig enthalten sie wertvolle Inhaltsstoffe wie Vitamin C, Kalium und Ballaststoffe. Außerdem fördern die enthaltenen Säuren den Appetit und kurbeln die Aktivität der Bauchspeicheldrüse an. Tomatensaft wirkt übrigens entwässernd und blutdrucksenkend. Und Beta-Carotin und Lykopin machen aus Tomaten einen rundum gesunden Genuss. Diesen Carotinoiden verdanken Tomaten ihre Farbe von Gelb bis Rot, wobei Lykopin den größten Teil der Carotinoide ausmacht (90 %). Vor allem in der Tomatenschale konnten hohe Lykopinwerte nachgewiesen werden.

Zahlreichen Veröffentlichungen und Studien zufolge scheint Lykopin das Risiko für Herz-Kreislauf-Erkrankungen und Arteriosklerose zu verringern, möglicherweise trägt es auch dazu bei, der Entstehung verschiedener Krebserkrankungen vorzubeugen.

Gut zu wissen
Der Organismus kann Lykopin aus erhitzten Tomaten besser verwerten als aus rohen. Wechseln Sie deshalb zwischen Gerichten aus rohen Tomaten wie Salat und aus gekochten wie Suppe oder Ragout regelmäßig ab.

Vom Einkauf bis zur Zubereitung

Am besten schmecken sonnengereifte Tomaten, die den typischen aromatischen Duft verströmen. In unseren Breitengraden werden Freilandtomaten von Juli bis in den Oktober hinein (längstens bis zum ersten Frost) geerntet. Früchte, die noch nicht ganz ausgereift sind, kann man zwischen Zeitungspapier gestapelt an einem kühlen, dunklen Ort nachreifen lassen. Außerhalb der Saison kann man auf eingekochte Früchte wie Passata zurückgreifen.

TOMATEN AUBEWAHREN

Tomaten mögen keine Kälte und gehören deshalb nicht in den Kühlschrank, dort verlieren sie ihr Aroma. Bewahren bzw. voll entfalten können sie es dagegen bei Raumtemperatur in einer Schale oder einem Korb. Innerhalb von vier bis fünf Tagen sollte man die Früchte verbrauchen, damit empfindliche Inhaltsstoffe (z. B. Vitamin C) nicht zu stark verloren gehen.

Weil Tomaten das natürliche Reifegas Ethylen bzw. Ethen freisetzen, werden Gemüse oder Obst in ihrer Nähe schneller reif. Das kann dazu führen, dass z. B. Salatgurken rasch weich werden und verderben. Den „Ethylen-Effekt" kann man sich allerdings auch gezielt zunutze machen, indem unreifes Obst und Gemüse mit Tomaten zusammen gelagert wird, damit es schneller reift.

TOMATEN FÜR DEN VORRAT

Fällt die Tomatenernte im eigenen Garten gut aus oder werden sonnengereifte Tomaten während der Hauptsaison reichlich zu günstigen Preisen auf dem Markt angeboten, lohnt es sich, einen Vorrat in Form von eingekochten, getrockneten oder auch eingefrorenen Früchten zu schaffen.

- Einkochen
  Püree, Sauce, Ketchup oder Mark (Rezepte siehe S. 10–15) sind aromatische Tomatenbasisprodukte, die heiß abgefüllt mindestens mehrere Monate im Vorrat halten.

- Trocknen
  Getrocknete Tomaten würzen unterschiedlichste Speisen und bieten sich, in Öl eingelegt, als Antipasti an.
  So wird's gemacht: Die Tomaten halbieren und die Stielansätze herausschneiden. Die Fruchthälften mit den Schnittflächen nach oben auf ein Back-

---

Solanin: Oder sind grüne Tomaten ungesund?
Unreife Tomaten sowie alle grünen Teile der Tomatenpflanze (also auch die Stielansätze) enthalten die Substanz Solanin, die sich während des Reifungsprozesses abbaut. Isst man nicht voll ausgereifte Tomaten in größerer Menge, kann dies Magen-Darm-Beschwerden, Kopfschmerzen, Übelkeit und Erbrechen, Kratzen im Hals und sogar Störungen der Nierenfunktion verursachen. Daher empfehlen viele Experten, unreife Tomaten weder roh noch gekocht zu essen. In kleinen Mengen ruft Solanin jedoch sehr selten gesundheitliche Beeinträchtigungen hervor.
Übrigens: Grüne Tomatensorten (z. B. 'Limetto') bleiben auch im reifen Stadium grün, obwohl Solanin abgebaut wurde. Das liegt daran, dass diesen Tomaten der Farbstoff Lykopin fehlt, der für die Rotfärbung verantwortlich ist.

blech legen, mit Salz bestreuen und im 50 °C warmen Ofen 8–12 Stunden langsam trocknen. Die Backofentür einen Spalt weit offen halten, indem man einen Holzlöffelstiel in die Tür klemmt. So kann die Feuchtigkeit entweichen. Nach Belieben die getrockneten Tomaten auf Gläser verteilen, mit Öl bedecken und die Gläser fest verschließen.

- Einfrieren

Dies ist die schnellste Art Tomaten zu bevorraten. Frische Tomaten eignen sich allerdings nur bedingt zum Einfrieren, sie verlieren dabei nämlich einen Teil ihres Aromas und werden aufgrund ihres hohen Wassergehalts beim Auftauen matschig. Besser ist es daher, sie zu zerkleinern (vorher den Stielansatz entfernen) und mit einer Prise Zucker sowie Salz und Pfeffer nach Geschmack etwa 10 Minuten zu köcheln. Anschließend die Masse abkühlen lassen und portionsweise bis zu 12 Monate einfrieren.

TOMATEN VORBEREITEN

Für die Zubereitung von Gerichten wie Suppen, Saucen und Ragouts werden Tomaten oft gehäutet (siehe Abb. 1 und 2 rechts oben), dann halbiert, entkernt und anschließend gewürfelt bzw. in Stücke geschnitten. Die aus den Tomaten herausgenommene gallertartige Flüssigkeit mit den Kernen kann beispielsweise gut für Tomatensuppen oder -saucen verwendet werden.

Weil in der Schale wertvolle Inhaltsstoffe stecken, sollte man Tomaten jedoch nur dann abziehen, wenn die Schale im Gericht wirklich stören oder zu Unverträglichkeiten führen würde.

TOMATEN SCHNEIDEN

Am besten lassen sich ungehäutete Tomaten mit einem Küchenmesser mit Wellenschliff (Tomatenmesser) in Hälften, Spalten oder Würfel schneiden.

1. Zum Häuten von Tomaten den Stielansatz herausschneiden, die Früchte über Kreuz am runden Ende einritzen, in einer Schale mit kochend heißem Wasser überbrühen und für etwa 30 Sekunden ziehen lassen.

2. Die Tomaten aus dem Wasser heben und sofort mit kaltem Wasser abschrecken. Nun lässt sich die Haut leicht abziehen.

COCKTAILTOMATEN HALBIEREN

Statt Cocktailtomaten mühsam einzeln zu halbieren, mehrere nebeneinander auf einen flachen Teller legen und einen zweiten flachen Teller umgedreht auf die Früchte legen. Mit einer Hand leicht auf den oberen Teller drücken und mit der anderen Hand mit einem Messer mit scharfer langer Klinge zwischen den Tellern entlangfahren – dabei werden die kleinen Tomaten fast ganz von allein zerteilt.

Das Herausschneiden der grünen Stielansätze ist nicht nötig – meist sind sie nur sehr schwach ausgeprägt.

Grundrezepte

Zutaten wie Ketchup und Tomatenmark gibt es in jedem Supermarkt für relativ wenig Geld zu kaufen. Doch es lohnt sich sie selbst herzustellen – zum einen, um reife Tomaten zu verwerten und haltbar zu machen, zum anderen weiß man, was wirklich in den Produkten steckt.

Tomatenketchup

Für 4 Gläser (je 250 ml)

1,5 kg Tomaten
120 ml Weißweinessig
2 Knoblauchzehen
1 große Zwiebel
60 g Zucker
1 Msp. Ingwerpulver
1 Msp. geriebene Muskatnuss
frisch gemahlener Pfeffer
1 EL Salz

ZUBEREITUNGSZEIT

80 Minuten

1 Die Tomaten waschen, von den Stielansätzen befreien, in Würfel schneiden und mit dem Essig in einen großen Topf geben. Knoblauch und Zwiebel schälen und in Würfel schneiden. Mit Zucker, Ingwer, Muskat, Pfeffer und Salz unter die Tomaten rühren. Die Mischung bei mittlerer Hitze zum Kochen bringen und zugedeckt etwa 1 Stunde köcheln lassen.

2 Die gekochte Tomatenmischung durch ein feines Haarsieb in einen anderen Topf streichen oder pürieren. Den Ketchup aufkochen lassen, abschmecken und sofort randvoll in heiß ausgespülte Gläser mit Deckel füllen. Die Gläser fest verschließen und den Ketchup abkühlen lassen. Kühl und dunkel mindestens bis zu 6 Monate lagern.

Tomatensugo

Für 2 Gläser (je 700 ml)

2 kg Tomaten

200 g Zwiebeln

4 Knoblauchzehen

10 Zweige Oregano

4 EL Olivenöl, mehr zum Bedecken

4 EL Balsamico-Essig

2 Lorbeerblätter

1 TL Salz

2 TL Zucker

frisch gemahlener Pfeffer

ZUBEREITUNGSZEIT

40 Minuten

1 Die Tomaten kurz mit kochend heißem Wasser überbrühen, kalt abschrecken und häuten. Von den Stielansätzen befreien und würfeln. Die Zwiebeln schälen und würfeln. Den Knoblauch schälen und fein hacken. Oregano waschen, trocken schütteln und die Blättchen abzupfen.

2 Das Öl in einem Topf erhitzen. Zwiebeln mit Knoblauch darin glasig dünsten. Tomaten, Essig, Oregano und Lorbeerblätter hinzufügen. Mit Salz, Zucker und Pfeffer würzen. Alles zum Kochen bringen und offen etwa 15 Minuten köcheln lassen, dabei gelegentlich umrühren.

3 Den Tomatensugo kochend heiß in heiß ausgespülte Gläser mit Deckel füllen und mit Öl bedecken. Die Gläser sofort verschließen und den Sugo bis zu 6 Monate lagern. Schmeckt als Sauce z. B. zu Pasta oder zum Bestreichen von Pizzateig.

Tomatenmark

Für 6 Gläser (je 150 ml)

2,5 kg Tomaten
2 Stängel Basilikum
1 TL Salz

ZUBEREITUNGSZEIT

80 Minuten

1 Die Tomaten waschen, von den Stielansätzen befreien und vierteln. Basilikum waschen und trocken schütteln. Tomatenviertel, Basilikum und Salz in einem großen Kochtopf zum Kochen bringen und zugedeckt etwa 10 Minuten unter gelegentlichem Rühren köcheln lassen. Anschließend 15 Minuten offen weiterköcheln, dabei ebenfalls immer wieder umrühren.

2 Die Tomatenmischung durch das Passiergerät oder ein Sieb in einen zweiten Topf streichen und das Mark offen in etwa 30 Minuten unter gelegentlichem Rühren dicklich einkochen lassen. Das kochend heiße Tomatenmark sofort in heiß ausgespülte Gläser füllen, diese sofort verschließen. Etwa 6 Monate haltbar.

Tomaten-Paprika-Salsa

Für 3 Gläser (je 370 ml)

600 g Tomaten

300 g grüne Paprikaschoten

1 rote Zwiebel

125 ml Rotweinessig

50 ml Rotwein

1 TL Chilipulver

1 TL edelsüßes Paprikapulver

1 TL gemahlener Ingwer

2 TL Salz

150 g Gelierzucker 1:1

ZUBEREITUNGSZEIT

30 Minuten

1 Die Tomaten mit kochend heißem Wasser übergießen, kalt abschrecken, häuten, von den Stielansätzen befreien und würfeln. Die Paprikaschoten putzen, waschen und in feine Streifen schneiden. Die Zwiebel schälen und würfeln.

2 Alle Zutaten in einen Topf geben und unter Rühren zum Kochen bringen. 10 Minuten zugedeckt kochen lassen, dabei gelegentlich umrühren. Die Masse mit dem Stabmixer nur kurz pürieren, damit sie zum Teil noch stückig bleibt. Die Salsa nochmals aufkochen, dann sofort in heiß ausgespülte Gläser mit Deckel füllen. Die Gläser sofort verschließen. Die Sauce hält sich gut 6 Monate und schmeckt z. B. zu Steaks aus der Pfanne oder vom Grill.

Suppen und Salate

Fruchtige Tomatencremesuppe

FÜR 4 PERSONEN

1 Zwiebel

2 Knoblauchzehen

2 EL Olivenöl

1 TL getrockneter Oregano

2 EL Tomatenmark

2 Dosen gehackte Tomaten
   (je 400 g)

125 ml Gemüsebrühe

16 Cocktailtomaten

4 Basilikumzweige

125 ml Orangensaft

1 TL Balsamico-Essig

2 EL Crème fraîche

Salz

frisch gemahlener Pfeffer

Außerdem:

4 Schaschlikspieße

ZUBEREITUNGSZEIT

20 Minuten

1 Die Zwiebel schälen und würfeln. Die Knoblauchzehen ebenfalls schälen und fein hacken.

2 In einem Topf 1 EL Olivenöl heiß werden lassen. Die Zwiebelwürfel und den Knoblauch darin glasig dünsten.

3 Oregano, Tomatenmark, Dosentomaten und Gemüsebrühe dazugeben. Alles aufkochen und 8 Minuten offen köcheln lassen, die Mischung dabei gelegentlich umrühren.

4 In der Zwischenzeit die Cocktailtomaten und das Basilikum waschen. Die Basilikumblätter abzupfen und abwechselnd mit den Tomaten auf die Schaschlikspieße stecken.

5 Die Tomatensuppe mit dem Stabmixer pürieren, dabei Orangensaft, Balsamico-Essig und Crème fraîche untermixen. Mit Salz und Pfeffer abschmecken.

6 Die Suppe auf Suppentassen oder Suppenteller verteilen und mit dem restlichen Olivenöl (1 EL) beträufeln.
Die Tomatenspieße dazu anrichten.

Feurige Variante: Zwei fein zerkleinerte Frühlingszwiebeln in 2 EL heißem Olivenöl kurz dünsten. 2 EL Tomatenmark, eine getrocknete rote Chilischote, 1 TL getrockneten Thymian, 800 g gehackte Tomaten (2 Dosen) und 150 ml Gemüsebrühe unterrühren. Alles aufkochen, dann zugedeckt 5 Minuten köcheln lassen. Die Suppe mit 1 EL Weinbrand sowie Salz und Pfeffer, Cayennepfeffer, Tabascosauce und 1 Messerspitze Zucker pikant abschmecken. 4 EL Sahne unterrühren.

Knoblauchsuppe mit getrockneten Tomaten

FÜR 4 PERSONEN

75 g getrocknete Tomaten

250 g Zucchini

2 Schalotten

4 EL Olivenöl

2 TL Kräuter der Provence

800 ml Gemüsebrühe

4 Knoblauchzehen

Salz

frisch gemahlener Pfeffer

2 EL Zitronensaft

ZUBEREITUNGSZEIT

25 Minuten

1 Die getrockneten Tomaten fein würfeln. In einer kleinen Schüssel mit 300 ml kaltem Wasser übergießen und 10 Minuten einweichen.

2 In der Zwischenzeit die Zucchini waschen, putzen und in feine Streifen schneiden. Die Schalotten schälen und fein würfeln.

3 Die Hälfte des Olivenöls in einem Topf erhitzen. Die Schalotten und die Zucchinistreifen darin 2 Minuten unter Rühren dünsten. Anschließend die Kräuter untermischen und die eingeweichten Tomaten mitsamt der Einweichflüssigkeit dazuschütten.

4 Die Gemüsebrühe zu der Zucchinimischung gießen und alles aufkochen. Die Suppe zugedeckt 10 Minuten bei schwacher Hitze köcheln lassen.

5 In der Zwischenzeit die Knoblauchzehen schälen und grob zerkleinern. Den Knoblauch mit Salz bestreuen und mit einem Messerrücken zu einem feinen Mus zerdrücken. Den Knoblauch in die Suppe einrühren.

6 Die Suppe mit Pfeffer und Zitronensaft abschmecken. Auf vier Teller verteilen und jede Portion mit ½ EL Olivenöl beträufeln.

> **Noch schneller geht es, wenn Sie statt der getrockneten Tomaten 75 g fertig gekauftes Tomaten-Pesto nehmen und dieses zum Schluss in die Suppe geben. Und wem das Zerkleinern der Knoblauchzehe zu mühsam ist, der würzt die Suppe einfach mit 2 EL Knoblauchöl (Olivenöl in Schritt 6 dann weglassen).**

Kalte Tomatensuppe mit Basilikum

FÜR 4 PERSONEN

2 kg reife Tomaten

1 kleine Zwiebel

1 Bund Basilikum

125 ml Wasser

1 TL getrockneter Oregano

schwarzer Pfeffer

200 g Crème double

2 EL Tomatenmark

1 Prise Zucker

Salz

ZUBEREITUNGSZEIT

70 Minuten

1 Die Tomaten waschen, halbieren und die Stielansätze entfernen. Die Zwiebel schälen und grob hacken. Das Basilikum waschen, trocken tupfen und die Blättchen abzupfen. Die Hälfte der Basilikumblättchen in feine Streifen schneiden.

2 Die Tomaten und die Zwiebel mit Wasser, Oregano, reichlich Pfeffer und der nicht geschnittenen Hälfte der Basilikumblättchen in einem Topf unter Rühren aufkochen und zugedeckt bei niedriger Hitze etwa 1 Stunde köcheln lassen.

3 Die Suppe lauwarm abkühlen lassen und durch ein feines Sieb passieren oder mit einem Pürierstab pürieren. Für 2 Stunden zugedeckt kühl stellen.

4 Die Crème double esslöffelweise mit dem Schneebesen in die Suppe rühren. Das Tomatenmark unterrühren und mit Zucker und Salz abschmecken. Die Suppe mit den Basilikumstreifen bestreuen und sofort servieren.

Tomaten-Fisch-Suppe

FÜR 4 PERSONEN

2 EL Olivenöl

1 Gemüsezwiebel, klein gewürfelt

2 Knoblauchzehen, fein gehackt

2 Dosen Pizzatomaten
(je 400 g)

50 ml trockener Weißwein

2 Lorbeerblätter

Salz

schwarzer Pfeffer

400 g Seelachsfilet

1 Prise Zucker

Cayennepfeffer

4 Zweige Majoran, fein gehackt

2 EL Crème fraîche

250 g Baguette

ZUBEREITUNGSZEIT

40 Minuten

1 Das Olivenöl in einem großen Topf erhitzen, die Zwiebel darin glasig dünsten. Knoblauch zugeben, ebenfalls glasig werden lassen. Pizzatomaten, Wein, 150 ml Wasser, Lorbeerblätter, Salz und Pfeffer zugeben.

2 Alles aufkochen und zugedeckt bei mittlerer Hitze 10 Minuten kochen. Den Fisch in 6 cm große Stücke schneiden und in die Suppe geben. Zugedeckt in 10 Minuten gar ziehen lassen.

3 Zum Schluss die Suppe mit Salz, Pfeffer, Zucker und Cayennepfeffer abschmecken. Gehackten Majoran und Crème fraîche vorsichtig unterrühren, ohne dass die Fischstücke dabei auseinander fallen. Die Suppe mit Baguette servieren.

Sättigender ist diese Suppe, wenn Sie zum Schluss noch gekochten Reis als Einlage untermischen. Den Reis am besten in Brühe garen, dann schmeckt er würziger.

Das Seelachsfilet in 6 cm große Stücke schneiden; eventuell vorhandene Gräten herausziehen.

Majoran und Crème fraîche vorsichtig unter die fertige Suppe rühren.

Tomaten-Paprika-Suppe mit Chorizo

FÜR 4 PERSONEN

1 ungeschälte rote Zwiebel,
  geviertelt
2 rote Paprikaschoten, längs
  halbiert
4 Eiertomaten, halbiert
2 ungeschälte Knoblauchzehen
500 ml Hühnerbrühe
1 Dose rote Kidneybohnen (400 g)
100 g Koch-Chorizo (spanische
  Paprikawurst), gewürfelt
2 TL Balsamico-Essig
15 g Basilikumblätter, in Stücke
  gezupft

ZUBEREITUNGSZEIT

30 Minuten

1 Den Backofengrill auf höchster Stufe vorheizen. Zwiebel, Paprika und Tomaten mit den Schnittflächen nach oben auf einem Backblech verteilen. Knoblauch dazulegen.

2 Das Gemüse 6–8 Minuten grillen, bis es oben angekohlt ist. Zwiebel, Paprika und Tomaten häuten, die Knoblauchzehen aus den Schalen drücken.

3 Die Hälfte des Gemüses in kleine Stücke schneiden und in einen Topf füllen. Das restliche Gemüse mit dem Knoblauch und der Brühe in der Küchenmaschine oder mit dem Stabmixer pürieren und ebenfalls in den Topf geben. Alles verrühren. Die Bohnen in ein Sieb schütten, abspülen und abtropfen lassen.

4 Die Suppe unter gelegentlichem Rühren aufkochen lassen, Bohnen, Chorizo und Balsamico untermischen. Abschmecken und zugedeckt noch 2–3 Minuten köcheln lassen. Kurz vor dem Servieren das Basilikum hineinrühren und servieren.

Variante: Suppe mit gerösteten Cocktailtomaten.
Die Eiertomaten durch 350 g Cocktailtomaten ersetzen. Diese mit ½ ungeschälten roten Zwiebel, 1 halbierten roten Paprikaschote und 2 Knoblauchzehen rösten, bis die Häute aufplatzen. Die Tomaten ungehäutet mit Knoblauch und Brühe pürieren. Zwiebel und Paprika häuten, klein schneiden und mit dem Tomatenpüree in einen Topf geben. Bohnen und Balsamico weglassen, die Chorizo in die Suppe geben. Basilikum und 2 EL grünes Pesto zugeben und die Suppe 2–3 Minuten köcheln lassen. Die Suppe vor dem Servieren mit 100 g zerbröckeltem Feta und 50 g Pinienkernen bestreuen.

Die eingeweichten Pilze aus dem
Einweichwasser herausfischen.

Die weichen Pilze mit einem Küchen-
messer klein schneiden.

Die Linsen zur Suppe geben und
zugedeckt so lange kochen bis sie
weich sind.

Würzige Tomaten-Linsen-Suppe

FÜR 4 PERSONEN

60 g getrocknete Porcini- oder
  Shitake-Pilze

240 ml heißes Wasser

1 EL Olivenöl

1 große Zwiebel, fein gehackt

3 Knoblauchzehen, gehackt

420 g Tomatenfruchtfleisch in Stü-
  cken mit Saft

1 TL Ingwer, gemahlen

1 TL Estragon

¾ TL Salz

480 ml Wasser

100 g Linsen, abgespült

ZUBEREITUNGSZEIT

60 Minuten

1 Die Pilze in einer kleinen Schüssel mit dem heißen Wasser etwa 20 Minuten einweichen, dann aus der Einweichflüssigkeit heraus- fischen. Die Flüssigkeit durch ein feines Sieb gießen und beiseite stellen. Die Pilze in kleine Stücke schneiden.

2 Inzwischen das Öl in einem großen Topf bei mittlerer Hitze heiß werden lassen. Zwiebel und Knoblauch etwa 7 Minuten unter Rühren darin anbraten.

3 Pilze, Einweichflüssigkeit, Tomaten samt Saft sowie Ingwer, Estra- gon, Salz und Wasser dazurühren. Die Linsen zugeben und alles auf- kochen lassen. Die Hitze reduzieren und die Suppe etwa 30 Minuten köcheln lassen, bis die Linsen weich sind. (Das Rezept kann schon im Voraus zubereitet werden. Falls die Suppe zu dickflüssig ist, einfach noch ein wenig Wasser zugeben.)

Grünkern-Tomaten-Cremesuppe

FÜR 4 PERSONEN

1 Zwiebel

1 EL Olivenöl

100 g Grünkernschrot

2 TL Tomatenmark

600 ml Gemüsebrühe

400 ml Tomatensaft

1 TL Kräuter der Provence

Salz

frisch gemahlener Pfeffer

1 Prise Zucker

2 EL Sonnenblumenkerne

½ Bund Schnittlauch

2 Tomaten

2 EL Crème fraîche

ZUBEREITUNGSZEIT

25 Minuten

1 Die Zwiebel schälen und fein würfeln. Das Öl in einem Topf erhitzen und die Zwiebel darin glasig dünsten. Grünkernschrot und Tomatenmark unterrühren und etwa 1 Minute mitrösten.

2 Brühe und Tomatensaft dazugießen und alles mit Kräutern der Provence, Salz, Pfeffer und Zucker würzen. Aufkochen und zugedeckt etwa 10 Minuten köcheln lassen.

3 Sonnenblumenkerne in einer Pfanne ohne Fett rösten, dann hacken. Schnittlauch waschen, trocken schütteln und in feine Röllchen schneiden; mit den Sonnenblumenkernen mischen. Tomaten waschen, vierteln, entkernen und in kleine Würfel schneiden.

4 Die Suppe mit dem Stabmixer pürieren. Crème fraîche und Tomatenstücke unterrühren und die Suppe kurz aufkochen lassen. Mit Salz und Pfeffer abschmecken. Mit der Schnittlauch-Kern-Mischung bestreuen und servieren.

Das schmeckt dazu: 100 g Garnelen in 1 EL Öl etwa 2 Minuten braten, mit Salz und Pfeffer würzen und mit der Sonnenblumen-kern-Mischung auf der Suppe verteilen.

Tomatenfond mit Basilikum

FÜR 4 PERSONEN

1,5 kg aromatische
      Strauchtomaten
1 Bund Basilikum
2 Rosmarinzweige
4 Pimentbeeren
8 Cocktailtomaten
Salz
frisch gemahlener Pfeffer
2 TL weißer Balsamico-Essig
1/2 TL Zucker
2 EL Olivenöl

ZUBEREITUNGSZEIT

30 Minuten

1 Die Tomaten waschen, grob zerkleinern und in der Küchenmaschine mit dem Schlagmesser mixen. (Notfalls kann man die Tomaten auch im Mixbecher portionsweise mit dem Stabmixer pürieren.) Das Tomatenpüree in einen Suppentopf schütten und aufkochen. Basilikum und Rosmarinzweige waschen.

2 Zwei Drittel des Basilikums, beide Rosmarinzweige und die Pimentbeeren zum Tomatenpüree geben. Alles offen 5 Minuten bei starker Hitze kochen lassen.

3 In der Zwischenzeit vom restlichen Basilikum die Blättchen abzupfen; große in Streifen schneiden, kleine ganz lassen. Die Cocktailtomaten waschen, halbieren und auf Suppenteller verteilen.

4 Die Tomatenmischung in eine Passiermühle (feiner Locheinsatz) oder ein großes feinmaschiges Sieb (am besten ein Spitzsieb) geben und über einer Schüssel ausdrücken. Die Flüssigkeit in den Topf geben.

5 Den Tomatenfond nochmals erhitzen; mit Salz, Pfeffer, Balsamico-Essig und Zucker abschmecken. Auf die Teller verteilen, mit Basilikum garnieren und mit Olivenöl beträufeln.

Im Sommer bietet es sich an, aus sonnengereiften Tomaten Tomatenfond-Vorräte herzustellen. Der Tomatenfond lässt sich in Gefrierdosen oder -beuteln wunderbar einfrieren.

Bohnencremesuppe mit Tomatenwürfelchen

FÜR 4 PERSONEN

100 g getrocknete weiße Bohnen-
   kerne
1 weiße Zwiebel, gewürfelt
1 Bund Suppengrün, klein
   geschnitten
1 Kräutersträußchen
   (Petersilie, Thymian, Lorbeerblatt)
1 EL Olivenöl
50 g magerer Räucherspeck,
   gewürfelt
2 Schalotten, gewürfelt
750 ml Gemüsebrühe, mehr nach
   Bedarf
weißer Pfeffer
Salz
1 EL gehackte Petersilie
1 TL gehacktes Bohnenkraut
2 Tomaten, gehäutet und gewürfelt

ZUBEREITUNGSZEIT

105 Minuten

1 Bohnen mit Wasser bedecken und über Nacht einweichen. Anschließend abtropfen lassen und in einen großen Topf geben.

2 Zwiebelwürfel, Suppengrün und Kräutersträußchen zu den Bohnen geben. Alles mit Wasser bedecken und aufkochen. Schaum, der sich dabei auf der Oberfläche bildet, abschöpfen. Bohnen zugedeckt bei schwacher Hitze etwa 1 ½ Stunden kochen.

3 Die weich gekochten Bohnen abgießen. Kräutersträußchen entfernen. Olivenöl in einem weiten Topf erhitzen, Speck- und Schalottenwürfel darin kurz braten.

4 Die Bohnen und das Suppengemüse durch ein Sieb zu Speck und Schalotten streichen. Die Brühe unter Rühren zugießen. Die Suppe mit Pfeffer und Salz abschmecken und unter Rühren aufkochen.

5 Die Suppe auf Teller verteilen. Mit gehackten Kräutern und Tomatenwürfeln bestreuen und servieren.

> **Verwenden Sie ruhig Bohnen aus der Dose anstelle der getrockneten Kerne, wenn Sie die Suppe spontan zubereiten möchen. Der abgetropfte Inhalt einer kleinen Dose genügt. Wenn Sie die Suppe etwas dicker mögen, können Sie natürlich auch mehr Bohnen verwenden.**

Den Schaum, der sich auf der kochenden Flüssigkeit bildet, mit einem Schaumlöffel oder Löffel abschöpfen.

Die weich gekochten Bohnen durch ein Sieb zu den angebratenen Speck- und Schalottenwürfeln passieren.

Tomaten-Brot-Suppe

FÜR 6 PERSONEN

2 EL Olivenöl

150 g Zwiebeln, gehackt

1 frische rote Chilischote, entkernt
   und gehackt

2 Knoblauchzehen, zerdrückt

1 EL frische Thymianblättchen

1 kg Tomaten, geviertelt

600 ml Gemüsebrühe

1 Prise Zucker

125 g Weißbrot vom Vortag, in Würfel geschnitten

2 EL Balsamico-Essig

2 EL frische Basilikumblätter,
   gehackt

Salz und schwarzer Pfeffer

Zum Garnieren:

frische Basilikumblätter

ZUBEREITUNGSZEIT

40 Minuten

1 1 EL Olivenöl in einem Topf erhitzen und Zwiebeln, Chilischoten, Knoblauch und Thymian bei geringer Hitze 5 Minuten lang schmoren, bis die Zwiebeln weich sind und eine goldene Farbe angenommen haben.

2 Tomaten, Brühe und Zucker zu den Zwiebeln geben und aufkochen. Deckel schließen, Hitze verringern und 20 Minuten köcheln lassen.

3 Währenddessen die Brotwürfel in eine kleine Schüssel geben und mit Balsamico-Essig, dem restlichen Öl und 4 EL kaltem Wasser übergießen und 10 Minuten stehen lassen.

4 Tomatensuppe mit dem Brot und Basilikum in der Küchenmaschine oder mit einem Pürierstab gleichmäßig fein pürieren.

5 Erneut langsam erhitzen und abschmecken. Die Suppe auf einzelne Portionsteller verteilen und vor dem Servieren mit einigen Basilikumblättern garnieren.

Salat aus gegrillten Tomaten

FÜR 4 PERSONEN

4 dicke Scheiben Baguette

5 EL Olivenöl

10 Eiertomaten

2 Knoblauchzehen

150 g Rucola

1 EL Balsamico-Essig

1 EL Zitronensaft

Salz

schwarzer Pfeffer aus der Mühle

100 g entsteinte grüne Oliven

ZUBEREITUNGSZEIT

30 Minuten

1 Die Brotscheiben in Würfel schneiden. In einer beschichteten Pfanne 3 EL Olivenöl erhitzen und die Brotstücke darin rundum kross anbraten. Diese auf einen Teller geben und bis zum Servieren beiseite stellen. Den Elektro- oder Holzkohlengrill vorheizen.

2 Die Tomaten waschen und halbieren. Stielansätze herausschneiden. Den Knoblauch abziehen und in Scheiben schneiden. Je 2 Knoblauch-scheiben in die Schnittflächen der Tomatenhälften stecken.

3 Die Tomaten mit den Schnittflächen nach oben auf ein Blech setzen und unter dem heißen Grill 3–4 Minuten garen. Dann umdre-hen und weitere 3 Minuten grillen. Zum Grillen auf Holzkohle die Tomaten mit den Schnittflächen nach unten auf ein Stück Alufolie setzen. Mit der Folie auf den Grillrost legen und 3–4 Minuten grillen. Die Tomaten wenden und in 3 Minuten fertig grillen.

4 Inzwischen den Rucola waschen und trockenschütteln. Die Stiele entfernen, die Blätter in mundgerechte Stücke teilen und auf Tellern auslegen. Für die Vinaigrette Balsamico-Essig, Zitronensaft, Salz, Pfeffer und 2 EL Öl aufschlagen.

5 Die gegrillten Tomaten auf die Rucolablätter setzen und mit der Vinaigrette beträufeln. Die Oliven dazwischen verteilen und die Brot-würfel darüberstreuen. Den lauwarmen Salat sofort servieren.

Lauwarmer Kartoffel-Spargel-Salat mit Tomaten

FÜR 4 PERSONEN

500 g kleine, festkochende
  Kartoffeln
500 g grüner Spargel
125 ml Gemüsebrühe
1 TL Senf
3 EL weißer Balsamico-Essig
2 EL Zitronensaft
Salz
frisch gemahlener Pfeffer
6 EL Walnussöl
250 g Cocktailtomaten
½ Bund Schnittlauch

ZUBEREITUNGSZEIT

25 Minuten

1 Die Kartoffeln als Pellkartoffeln garen. Inzwischen den Spargel waschen, putzen und nur die unteren Drittel schälen; in etwa 4 cm lange Stücke schneiden.

2 Die Gemüsebrühe in einer Pfanne erhitzen und die Spargelstücke darin zugedeckt in etwa 5 Minuten bissfest garen.

3 Währenddessen aus Senf, Balsamico-Essig, Zitronensaft, Salz, Pfeffer und Walnussöl eine Vinaigrette rühren. Tomaten waschen und halbieren. Schnittlauch waschen und in Röllchen schneiden.

4 Den Spargel in ein Sieb abgießen, dabei den Garsud auffangen. Den Garsud unter die Vinaigrette rühren. Kartoffeln schälen, halbieren und in eine große Schüssel geben; salzen und pfeffern.

5 Die Spargelstücke, die Tomaten und den Schnittlauch unter die Kartoffeln mischen. Die Vinaigrette dazugeben und alles gut mischen. Den Kartoffelsalat anrichten und lauwarm servieren.

Wer Frühkartoffeln verwendet, braucht sie nicht zu schälen. Es genügt, sie vor dem Garen gründlich zu waschen und abzubürsten.

Hähnchensalat mit Kräuter-Tomaten-Sauce

FÜR 4 PERSONEN

4 Hähnchenbrustfilets, jeweils
    etwa 125 g

1 unbehandelte Zitrone

1 Lorbeerblatt, gerebelt, oder
    1 Bouquet garni

1 TL schwarze Pfefferkörner

100 ml trockener Weißwein oder
    75 ml trockener Sherry

Für die Sauce:

3–4 EL gehackte Kräuter, z. B.
    Basilikum, Kerbel, Dill, Oregano
    und Petersilie

4 TL Tomatenmark

225 g Sahnejoghurt

Salz und schwarzer Pfeffer

Zum Garnieren:

ein paar Stängel frischer Kerbel

ZUBEREITUNGSZEIT

20 Minuten

1 Die Filets nebeneinander in einen Topf oder eine Kasserolle legen. Zwei Scheiben Zitrone abschneiden und mit dem Lorbeerblatt oder der Kräutermischung, den Pfefferkörnern und dem Weißwein oder Sherry zufügen.

2 Das Gefügelfleisch mit Wasser übergießen, bis die Filets ganz bedeckt sind, und alles zum Kochen bringen. Die Hitze reduzieren und das Hähnchen in 20–25 Minuten garen lassen. Es ist fertig, wenn beim Einstich mit einem Messer an der dicksten Stelle nur klarer Fleischsaft austritt.

3 Inzwischen für die Sauce die Kräuter, das Tomatenmark und den Joghurt in einer Schüssel mischen. Den Saft aus der restlichen Zitrone auspressen und tropfenweise zufügen, bis die Sauce die gewünschte Säure und Konsistenz hat. Abschmecken und bis zum Servieren kalt stellen.

4 Das Geflügelfleisch aus der Kochflüssigkeit nehmen, mit Küchenpapier abtrocknen und 15–20 Minuten abkühlen lassen, dann kalt stellen, falls es nicht sofort serviert wird.

5 Zum Servieren die kalten Filets in Streifen schneiden und auf gemischtem Salat anrichten. Die Sauce darüber geben, mit Kerbelstängeln bestreuen und servieren.

Die gesiebte Garflüssigkeit als Hühnerbrühe für andere Rezepte nutzen. Abkühlen lassen, dann in den Kühlschrank stellen und alles Fett abschöpfen. Hält sich im Kühlschrank bis zu 2 Tage oder im Gefrierschrank bis zu 3 Monate.

Wildreissalat mit Tomaten und Peperoni

FÜR 4 PERSONEN

1 Zwiebel

4 EL Olivenöl

100 g Wildreis

100 g Langkornreis

400 ml Gemüsebrühe

4 Eiertomaten

150 g Rucola

8 grüne eingelegte Peperoni

2–3 EL Rotweinessig

1–2 EL rotes Pesto aus dem Glas

Salz

schwarzer Pfeffer aus der Mühle

200 g Mini-Mozzarellakugeln

ZUBEREITUNGSZEIT

60 Minuten

1 Die Zwiebel abziehen und fein würfeln. In einem Topf 1 EL Olivenöl erhitzen und die Zwiebel darin glasig dünsten. Die beiden Reissorten zugeben und unter Rühren kurz andünsten. Die Brühe angießen, offen einmal aufkochen. Dann den Reis halb zugedeckt bei schwacher Hitze 20–25 Minuten garen. Anschließend ausdampfen und 30–50 Minuten abkühlen lassen, dabei gelegentlich mit einer Gabel auflockern.

2 Die Eiertomaten waschen und halbieren, von den Stielansätzen befreien und in dünne Scheiben schneiden. Rucola waschen und trockenschleudern. Die harten Stiele abschneiden und die Blätter falls nötig kleiner zupfen. Die Peperoni abtropfen lassen, Stiele und Kerne entfernen und die Schoten in dünne Ringe schneiden.

3 Für die Vinaigrette 2 EL Essig, 1 EL Pesto, 3 EL Olivenöl, Salz und Pfeffer in eine große Schüssel geben und mit einem Schneebesen kräftig aufschlagen. Reis, Tomaten und Peperoni vorsichtig unterheben. 4 Rucolablätter auf Portionstellern auslegen. Den Reissalat mit Salz, Pfeffer, Pesto und Essig abschmecken und auf den Portionstellern anrichten. Die Mozzarellakugeln auf den Salatportionen verteilen und alles sofort servieren.

Mais-Tomaten-Salat

4 EL Olivenöl

1 EL Weißweinessig

3 EL Limettensaft

1 TL brauner Zucker

Salz

frisch gemahlener Pfeffer

1/2 TL gemahlener Kreuzkümmel

1 gute Prise Cayennepfeffer

1 Knoblauchzehe

1 Bund Koriandergrün

1 Dose Maiskörner (285 g)

1 grüne Paprikaschote

1 rote Zwiebel

2 Stangen Sellerie

2 Tomaten

ZUBEREITUNGSZEIT

20 Minuten

1 Das Olivenöl mit Essig, Limettensaft, Zucker, Salz, Pfeffer, Kreuzkümmel und Cayennepfeffer in einer großen Schüssel verquirlen. Den Knoblauch schälen und hacken; hinzufügen. Vom Koriandergrün die Blätter abzupfen. Die Hälfte davon fein hacken und in das Dressing rühren.

2 Die Maiskörner in ein Sieb schütten und abspülen, gut abtropfen lassen und zum Dressing geben. Die Paprikaschote putzen und in schmale Streifen schneiden; ebenfalls in die Schüssel geben.

3 Die Zwiebel schälen, halbieren und in feine Streifen schneiden. Die Selleriestangen waschen, putzen und in dünne Scheiben schneiden.

4 Die Tomaten waschen und in Stücke schneiden. Alles Gemüse mit dem Dressing in der Schüssel gründlich vermischen. Den Salat mit den restlichen Korianderblättern garnieren und mit Tortillachips servieren.

Mais-Tomaten-Salsa: Werden Paprika, Zwiebel, Sellerie und Tomaten sehr fein gewürfelt und mit dem Dressing gemischt, kann man den Salat als Salsa zu gegrilltem Fleisch oder Fisch servieren.

Bohnensalat mit Mais und Tomaten

1 Dose weiße Riesenbohnen
  (Abtropfgewicht 250 g)

1 Dose rote Kidneybohnen
  (Abtropfgewicht 250 g)

1 Dose Maiskörner
  (Abtropfgewicht 140 g)

2 rote Zwiebeln

250 g Cocktailtomaten

4 EL Weißweinessig

Salz

frisch gemahlener Pfeffer

1 TL flüssiger Honig

6 EL Olivenöl

3–4 Stängel Basilikum

ZUBEREITUNGSZEIT

25 Minuten

1 Die weißen und roten Bohnen sowie die Maiskörner in ein Sieb schütten, kalt abbrausen, gut abtropfen lassen und in eine Schüssel geben.

2 Die Zwiebeln schälen, halbieren und in feine Streifen schneiden. Die Cocktailtomaten waschen und halbieren. Zwiebeln und Tomaten zu Bohnen und Mais in die Schüssel geben.

3 Den Weißweinessig mit Salz, Pfeffer und Honig verquirlen. Das Olivenöl nach und nach darunterschlagen. Das Dressing über die vorbereiteten Zutaten in der Schüssel gießen und alles vorsichtig vermischen.

4 Die Basilikumblätter abzupfen, in Streifen schneiden und unter den Salat heben. Den Salat mit Salz und Pfeffer abschmecken.

Der Salat ist partytauglich und bietet sich als sättigende Beilage zu gegrilltem Fleisch oder Fisch bestens an. Er lässt sich gut vorbereiten und sollte vor dem Servieren möglichst mindestens 30 Minuten durchziehen.

Vorspeisen und kleine Gerichte

Tomaten mit Mozzarella und Pesto

FÜR 4 PERSONEN

1 EL Pinienkerne

1 großes Bund Basilikum

1 Knoblauchzehe

1 TL Meersalz

6 EL Olivenöl

1–2 EL geriebener Parmesan

frisch gemahlener Pfeffer

6 reife Tomaten

300 g Mozzarella (vorzugsweise
aus Büffelmilch)

1 EL weißer Balsamico-Essig

ZUBEREITUNGSZEIT

20 Minuten

1 Die Pinienkerne in einer trockenen Pfanne goldbraun rösten. Aus der Pfanne nehmen und abkühlen lassen.

2 Das Basilikum abbrausen, trocken schütteln und die Blätter abzupfen. Einige Blätter zum Garnieren beiseitelegen, die übrigen grob hacken. Knoblauch schälen und ebenfalls hacken.

3 Pinienkerne, Basilikum, Knoblauch und Salz im Blitzhacker zu einer Paste pürieren. Nach und nach das Olivenöl unterrühren, dann den Parmesan unterheben. Das Pesto mit Salz und Pfeffer abschmecken.

4 Die Tomaten waschen, von den Stielansätzen befreien und quer in nicht zu dünne Scheiben schneiden. Mozzarella ebenso in Scheiben schneiden.

5 Jeweils 3 Mozzarella- und Tomatenscheiben abwechselnd als Türmchen oder überlappend auf vier Tellern anrichten. Das Pesto mit dem Essig und 1–2 EL Wasser verrühren; auf Tomaten und Mozzarella verteilen. Mit den beiseitegelegten Basilikumblättern garnieren.

Variante: Tomaten-Mozzarella-Spießchen.

20 Cocktailtomaten (etwa 200 g) waschen und trocken tupfen.
20 kleine Mozzarellakugeln (Baby-Mozzarella; 150 g) aus der Verpackung nehmen und auf einem Sieb abtropfen lassen. 20 Basilikumblätter abbrausen und trocken schütteln. Abwechselnd je 1 Cocktailtomate, 1 Basilikumblatt und 1 Kugel Mozzarella auf ein Holzstäbchen stecken. Die Tomaten-Mozzarella-Spießchen auf einer großen Platte anrichten. Mit frisch gemahlenem Pfeffer bestreuen und mit etwas Pesto beträufeln. Die Spießchen eignen sich prima als Fingerfood.

Gebackener Tofu mit Tomaten-Relish

300 g fester Tofu
2 EL Mehl
frisch gemahlener schwarzer Pfeffer
Olivenöl, zum Bestreichen
Tomaten-Relish:
1 EL Olivenöl
1 kleine Zwiebel, fein gehackt
1 TL gemahlener Koriander
½ TL gemahlener Kreuzkümmel
½ TL Paprikapulver edelsüß
350 g reife Tomaten, fein gehackt
2 TL Balsamico-Essig
15 g frischer Koriander (Stängel
   und Blätter), gehackt

ZUBEREITUNGSZEIT

50 Minuten

1 Den Backofen auf 220 °C vorheizen. Ein Backblech mit Backpapier auslegen. Den Tofu etwa 5 Minuten auf Küchenpapier abtropfen lassen.

2 Inzwischen für das Tomaten-Relish das Öl bei mittlerer Hitze in einem mittelgroßen Topf erwärmen. Die Zwiebel zufügen und 3 Minuten unter Rühren weich dünsten. Gemahlenen Koriander, Kreuzkümmel und Paprikapulver zufügen und weitere 30 Sekunden unter Rühren dünsten. Nun die Tomaten mitsamt ihrem Saft und den Essig einrühren und die Mischung ohne Deckel unter Rühren 20 Minuten köcheln lassen. Dann den gehackten Koriander einrühren. Vom Herd nehmen und warm stellen.

3 Unterdessen den Tofu in 1 cm dicke Scheiben schneiden, dann längs halbieren. Mehl und Pfeffer auf einem Teller mischen. Die Tofustücke darin wenden, auf das vorbereitete Backblech legen und mit Olivenöl bestreichen. 25 Minuten backen, bis sie an den Rändern leicht gebräunt sind.

4 Die fertigen Tofustücke mit einem Löffel Relish garnieren und servieren.

Sie können das Relish bis zu 2 Tage im Voraus zubereiten. Im Kühlschrank aufbewahren und vor dem Servieren durcherhitzen. Den Tofu erst kurz vor dem Verzehr zubereiten.

54   VORSPEISEN & KLEINE GERICHTE

Kleine Tomaten-Clafoutis

FÜR 4 PERSONEN

10–15 Cocktailtomaten
1 Knoblauchzehe
Salz
3 große Liebstöckelblätter
Butter für die Förmchen
2 Eier
3 EL Sahne
100 g Kräuterfrischkäse
frisch gemahlener Pfeffer
1 EL Grieß
50 g geriebener Emmentaler
Olivenöl zum Beträufeln

ZUBEREITUNGSZEIT

45 Minuten

1 Die Tomaten waschen, putzen und halbieren. Den Knoblauch grob zerkleinern, dann mit etwas Salz mit einer großen Messerklinge zerreiben.

2 Den Liebstöckel waschen, trocken schütteln und fein hacken. Den Backofen auf 200 °C vorheizen. Vier kleine Auflaufformen (je 125 ml Inhalt) großzügig mit Butter ausfetten.

3 Die Eier, die Sahne, den Frischkäse, den Liebstöckel sowie Salz und Pfeffer in eine Schüssel geben und mit den Quirlen des Handrührgeräts verquirlen. Grieß und Käse hinzufügen und untermischen. Die Masse abschmecken.

4 Die Masse in die Förmchen füllen. Die Tomaten mit den Schnittflächen nach oben hineinsetzen und mit etwas Olivenöl beträufeln.

5 Die Tomaten-Clafoutis im heißen Ofen etwa 30 Minuten garen, bis sie gestockt sind. Herausnehmen, mit schwarzem Pfeffer bestreuen; sofort servieren.

Anstelle der Cocktailtomaten können Sie drei vollreife Eiertomaten verwenden. In Scheiben schneiden und diese auf die Clafoutis-Masse legen.

Cocktailtomaten mit Ricotta-Rucola-Creme

FÜR 4 PERSONEN

400 g Cocktailtomaten

½ Bund Rucola, Blätter fein gehackt

1 Knoblauchzehe, fein gehackt

100 g Ricotta

2 gehäufte EL frisch geriebener Parmesan

Salz

schwarzer Pfeffer

1 Prise Cayennepfeffer

einige Basilikumblättchen

ZUBEREITUNGSZEIT

25 Minuten

1 Cocktailtomaten waschen und vorsichtig trockenreiben. Von jeder Frucht einen Deckel abschneiden.

2 Die Früchte mit einem kleinen scharfen Gemüsemesser oder einem Kugelausstecher aushöhlen, ohne dabei die Wände zu beschädigen. Eine Hälfte des Fruchtfleischs klein hacken, die zweite Hälfte und die Deckel für ein anderes Gericht, z. B. eine Tomatensauce, verwenden.

3 Rucola in eine Schüssel geben, Knoblauch, Ricotta, Tomatenfruchtfleisch und Parmesan zugeben und alles cremig verrühren. Zum Schluss mit Salz, Pfeffer und Cayennepfeffer würzen und abschmecken.

4 Die Tomaten mithilfe eines kleinen Löffels mit der Ricotta-Rucola-Creme füllen, dann nebeneinander auf eine Servierplatte setzen. Die gefüllten Tomaten mit je einem Basilikumblättchen garnieren. Mit italienischem Weißbrot oder Baguette servieren.

Anstelle von Rucola können Sie auch ein anderes scharf-würziges Kraut verwenden. Probieren Sie z.B. Brunnen- oder Gartenkresse oder Basilikum. Im Frühjahr sollten Sie die Ricottacreme einmal mit Bärlauch würzen.

Von den Tomaten mit einem scharfen Messer jeweils einen Deckel abschneiden.

Mit einem Gemüsemesser oder Kugelausstecher das Fruchtfleisch aus den Tomaten herauslösen.

Mit einem kleinen Löffel die Ricotta-Rucola-Creme großzügig in die Tomaten füllen.

Puten-Carpaccio mit Mango-Tomaten-Chutney

FÜR 4 PERSONEN

400 g geräucherte Putenbrust, in
   dünnen Scheiben
1 reife Mango
4 große Strauchtomaten
1 Zwiebel
1 rote Chilischote
3 cm frischer Ingwer (20 g)
50 g Rohrrohrzucker
4 EL weißer Balsamico-Essig
Salz
1 TL gemahlener Kreuzkümmel
1 TL gemahlene Kurkuma
Koriandergrün zum Garnieren

ZUBEREITUNGSZEIT

30 Minuten

1 Die Putenbrustscheiben auf vier großen Tellern locker verteilen. Die Mango schälen. Das Fruchtfleisch vom Stein schneiden und klein würfeln. Die Tomaten waschen, halbieren, von Stielansätzen und Kernen befreien und ebenfalls in kleine Würfel zerteilen.

2 Die Zwiebel schälen und fein würfeln. Die Chilischote längs halbieren, entkernen, waschen und fein zerkleinern. Ingwer schälen und fein würfeln.

3 Mango, Tomaten, Zwiebel, Chili und Ingwer mit Zucker und Essig in einen Topf geben. Bei starker Hitze sprudelnd aufkochen, dann offen etwa 5 Minuten kochen lassen. Das Chutney mit Salz, Kreuzkümmel und Kurkuma würzen und in einer Schüssel kurz abkühlen lassen.

4 Die Putenbrustscheiben mit dem Chutney beträufeln und alles mit Koriandergrün garnieren.

Bereiten Sie gleich die doppelte Menge an Chutney zu. Dieses heiß in sterilisierte Schraubdeckelgläser füllen und fest verschließen. Die Gläser auf den Kopf stellen, das Chutney etwas abkühlen lassen, die Gläser wieder umdrehen und das Chutney ganz auskühlen lassen.

Alle Zutaten für die Tomaten-Ricotta-Creme in eine Schüssel geben und verrühren.

Die fertig belegten Brote zum Schluss dick mit Schnittlauch-röllchen bestreuen.

Brot mit Tomaten-Ricotta und Schnittlauch

FÜR 6 PERSONEN

1 EL Olivenöl

1 Zwiebel, fein gewürfelt

1–2 Knoblauchzehen, fein gehackt

250 g Ricotta (ersatzweise Mager-
  quark)

1 EL Tomatenmark

1 EL Zitronensaft

½ TL edelsüßes Paprikapulver

½ TL getrockneter

Oregano

1 TL Tomatenpesto (Glas), mehr
  nach Geschmack

Kräutersalz

Pfeffer

6 Scheiben Roggenvollkornbrot

3 Tomaten, in Scheiben geschnitten

1–2 Bund Schnittlauch, in
  Röllchen geschnitten

ZUBEREITUNGSZEIT

20 Minuten

1 Das Olivenöl in einer kleinen beschichteten Pfanne erhitzen. Zwiebel und Knoblauch darin weich und glasig dünsten. Die Pfanne vom Herd nehmen und die Zwiebelmischung abkühlen lassen.

2 Ricotta in eine Schüssel geben. Tomatenmark, Zitronensaft, Paprikapulver, Oregano, Tomatenpesto und Zwiebelmischung zufügen. Alles glatt verrühren. Mit Kräutersalz und Pfeffer abschmecken. Nach Geschmack noch Tomatenpesto zugeben.

3 Die Brotscheiben mit Tomaten-Ricotta bestreichen und mit Tomatenscheiben belegen, salzen und pfeffern. Dick mit Schnittlauch bestreuen, die Brotscheiben halbieren und servieren.

> Die Tomaten-Ricotta-Creme schmeckt auch gut zu Pellkartoffeln und als Dip zu Rohkost. Variieren können Sie die Creme, indem Sie fein geschnittenes bzw. geraspeltes Gemüse untermischen und die Brote nicht mit Schnittlauch, sondern mit Rucola, Kresse oder Sprossen bestreuen.

Marinierte Tomaten mit Schafskäse

FÜR 4 PERSONEN

600 g Cocktailtomaten

3 Zweige Oregano oder 1 TL getrockneter Oregano

3 EL Olivenöl

1 EL weißer Balsamico-Essig

grobes Meersalz

frisch gemahlener Pfeffer

120 g Schafskäse (z. B. Feta)

ZUBEREITUNGSZEIT

20 Minuten

1 Die Tomaten waschen, von den Rispen zupfen und trocken tupfen. Oregano abbrausen und trocken schütteln.

2 In einer großen Pfanne 1 EL Öl erhitzen; die Tomaten mit dem größten Teil des Oregano darin bei mittlerer Hitze 1–2 Minuten anbraten, bis sie aufplatzen.

3 Den Oregano entfernen, die Tomaten in eine Schüssel geben und noch warm mit dem Balsamico-Essig und dem übrigen Olivenöl (2 EL) beträufeln. Mit Salz und Pfeffer würzen und alles mischen.

4 Den Schafskäse grob zerbröckeln und mit dem restlichen Oregano auf die Tomaten streuen.

Würziger wird das Gericht, wenn Sie den Schafskäse durch zerkrümelten Roquefort ersetzen. Mozzarellawürfel statt Schafskäse geben dem Ganzen eine mildere Note. Anstelle von Oregano können Sie gehackte Petersilie (1 Bund) verwenden.

Auberginen mit Tomaten-Joghurt-Sauce

FÜR 4 PERSONEN

600 g Auberginen

2 EL Olivenöl

2 TL Kreuzkümmelsamen

100 g Tomaten aus der Dose, in
    Stücken

100 g fettarmer Joghurt

Salz und schwarzer Pfeffer

Zum Garnieren:

frische Korianderstängel

ZUBEREITUNGSZEIT

25 Minuten

1 Eine gusseiserne Grillpfanne auf mittlerer Hitze heiß werden lassen. Auberginen quer in 12 dicke Scheiben schneiden, die Endstücke nicht verwenden. Die Scheiben von beiden Seiten mit etwas Öl einreiben und auf jeder Seite 3–4 Minuten weich braten. Die Auberginen können auch unter dem Grill gegart werden.

2 Auberginenscheiben zum Abkühlen beiseite legen, sie schmecken bei Raumtemperatur am besten.

3 Währenddessen eine kleine beschichtete Bratpfanne auf großer Hitze heiß werden lassen. Die Kreuzkümmelsamen ein paar Sekunden lang ohne Fett oder Öl rösten, oder bis sie dunkelbraun werden. Sofort aus der Pfanne nehmen. Sobald sie abgekühlt sind, mit einer Gewürzmühle oder im Mörser fein zerstoßen.

4 Tomaten in einen Topf geben und bei mittlerer Hitze 3–4 Minuten kochen, dabei gelegentlich umrühren, bis sie gleichmäßig eingedickt sind. Zum Abkühlen beiseite stellen.

5 Sobald die Tomaten abgekühlt sind, die frisch gemahlenen Gewürze und den Joghurt unterrühren und abschmecken. Wenn noch Zeit ist, Sauce kurz in den Kühlschrank stellen.

6 Jeweils drei Scheiben der gegrillten Auberginenscheiben auf einem Teller anrichten und etwas von der Tomaten-Joghurt-Sauce zugeben. Vor dem Servieren mit frischen Korianderstängeln garnieren.

Gratinierte Tomaten mit Oliven

FÜR 4 PERSONEN

200 g Instant-Couscous

Salz

½ Bund glatte Petersilie, fein
gehackt

3 EL frisch geriebener Parmesan

700 g vollreife aromatische Tomaten,
in Scheiben geschnitten

50 g schwarze Oliven, entsteint

2 Knoblauchzehen, in Scheibchen
geschnitten

2 EL Olivenöl, mehr für die Form

1 TL Zucker

¼ Bund Basilikum, in Streifen
geschnitten

ZUBEREITUNGSZEIT

55 Minuten

1 Couscous nach Packungsanleitung in schwach gesalzenem Wasser quellen lassen. Eine Gratinform dünn ausfetten. Den Backofen auf 180 °C vorheizen. Couscous mit einer Gabel auflockern, dann die Petersilie untermischen. Couscous in die Form füllen, glatt streichen und mit Parmesan bestreuen.

2 Die Tomatenscheiben dachziegelartig auf die Couscousschicht legen. Oliven hacken. Oliven und Knoblauch über die Tomaten streuen, alles salzen und pfeffern. Olivenöl über die Tomaten träufeln, zum Schluss den Zucker darüberstreuen.

3 Das Gratin im Ofen 30 Minuten backen. Herausnehmen und mit Basilikum bestreuen. Heiß zu gegrilltem Fisch oder Fleisch oder anstelle von Brot zu einem gemischten Salat servieren.

> Nutzen Sie Tomaten als natürliche Geschmacksverstärker. Sie enthalten freie Glutaminsäure (Glutamat), die den Eigengeschmack von Nahrungsmitteln verstärkt. Eine klein gewürfelte Tomate kann so mancher faden Sauce Aroma verleihen.

Couscous mit heißem, schwach gesalzenem Wasser übergießen und nach Packungsanleitung quellen lassen.

Die Tomatenscheiben dachziegelartig auf das Couscous legen.

Gegrillte Sardinen mit Kirschtomaten

FÜR 4 PERSONEN

12 frische Sardinen, im Schmet-
    terlingsschnitt aufgeschnitten
    (siehe Box)

1 EL natives Olivenöl

1 EL Zitronensaft

200 g Kirschtomaten, geviertelt

2 EL Pinienkerne, geröstet

2 EL frisch gezupftes Basilikum,
    plus ein paar Blättchen zum
    Garnieren

4 Scheiben Baguette, getoastet

frisch gemahlener schwarzer Pfeffer

ZUBEREITUNGSZEIT

20 Minuten

1 Backofengrill auf mittlerer Stufe vorheizen. Ein Grillblech mit Backpapier oder Alufolie auslegen und die Sardinen darauf verteilen. Öl und Zitronensaft in einer kleinen Schüssel verquirlen und die Sardinen damit bestreichen. Tomaten, Pinienkerne und gezupftes Basilikum in einer separaten Schüssel mischen und beiseite stellen.

2 Die Sardinen 2 Minuten grillen. Die Tomatenmischung zufügen und alles weitere 2 Minuten grillen, bis die Sardinen gar sind.

3 Die Sardinen-Tomaten-Mischung auf den getoasteten Baguette-scheiben verteilen. Pfeffern, mit ein paar zusätzlichen Basilikumblättern garnieren und servieren.

> **Bitten Sie Ihren Fischhändler, die Sardinen für Sie im Schmetter-lingsschnitt aufzuschneiden. Falls Sie es selbst machen möchten: Die ausgenommenen und gesäuberten Sardinen mit dem Bauch nach unten auf ein Schneidebrett legen, dann mit dem Daumen an der Rückengräte entlangfahren, um diese herauszulösen. Die Sardine umdrehen, die Gräte herausnehmen und wegwerfen.**
>
> **Große Sardinen während des ersten Grilldurchgangs etwas länger garen. Die Tomatenmischung erst zufügen, wenn die Sardinen fast gar sind.**

Gefüllte Tomaten mit Rucola und Ziegenkäse

FÜR 4 PERSONEN

4 Fleischtomaten
Salz
frisch gemahlener Pfeffer
4 Scheiben Weißbrot
2 Knoblauchzehen
5 EL Olivenöl, mehr zum Bestreichen der Folie
150 g fester Ziegenfrischkäse
½ Bund Rucola
Außerdem:
extrastarke Alufolie

ZUBEREITUNGSZEIT

40 Minuten

1 Die Tomaten waschen und trocken reiben. Oben Deckel abschneiden; beiseitelegen. Tomaten aushöhlen (Tomateninneres anderweitig verwenden; siehe Box). Innen salzen und pfeffern; umdrehen, abtropfen lassen.

2 Inzwischen das Brot entrinden und in Würfel schneiden. Den Knoblauch schälen und fein hacken. 4 EL Olivenöl in einer Pfanne erhitzen und die Brotwürfel darin knusprig braten. Den Knoblauch dazugeben und kurz mitbraten. Den Pfanneninhalt abkühlen lassen.

3 Ziegenkäse in kleine Würfel schneiden. Rucola waschen, trocken schleudern und fein zerkleinern, dabei die harten Stiele entfernen. Rucola und Käsewürfel unter das Brot mischen. Mit Salz und Pfeffer würzen.

4 Alufolie in vier Stücke schneiden, die so groß sind, dass die Tomaten hineingewickelt werden können; jeweils die glänzende Seite fetten. Die Brotmischung in die Tomaten füllen und die beiseitegelegten Deckel aufsetzen.

5 Die Tomaten in die Alufolienstücke wickeln und 12–15 Minuten unter gelegentlichem Wenden grillen. Auf Tellern anrichten und mit dem restlichen Olivenöl (1 EL) beträufeln.

> Zur Resteverwertung das Innere der Tomaten mit etwas Crème fraîche verrühren. Mit Kräutersalz und Pfeffer würzen. Die Tomatencreme zu Gegrilltem servieren oder in eine Suppe geben.

Bruschetta mit Tomaten

FÜR 4 PERSONEN

300 g aromatische Tomaten

8 getrocknete Tomaten in Öl

½ Bund Basilikum

4 EL Olivenöl

Salz

frisch gemahlener Pfeffer

4 große Scheiben italienisches
   Weißbrot

2 Knoblauchzehen

ZUBEREITUNGSZEIT

20 Minuten

1 Den Backofen auf 250 °C oder den Backofengrill auf höchster Stufe vorheizen. Die Tomaten waschen, von den Stielansätzen befreien, halbieren und klein würfeln.

2 Die getrockneten Tomaten abtropfen lassen und in feine Streifen schneiden. Das Basilikum abbrausen und trocken schütteln. Die Blätter von den Stielen zupfen und in feine Streifen schneiden.

3 Die frischen und getrockneten Tomaten mit dem Basilikum und dem Olivenöl vermischen, salzen und pfeffern.

4 Die Brotscheiben halbieren, auf den Rost legen und im Ofen bzw. unter dem Grill (Mitte) in 4–5 Minuten knusprig werden lassen.

5 Den Knoblauch schälen, halbieren und die Brotscheiben mit je einer Hälfte einreiben. Die Tomaten-Mischung auf den Broten verteilen. Sofort servieren.

> **Variante: Tomatenbrot mit weißen Bohnen**
> 300 g geachtelte Cocktailtomaten mit 4 EL Olivenöl und 2 EL grob gehackter Petersilie vermischen. Mit Salz, Pfeffer und 1 TL abgeriebener Zitronenschale würzen. 100 g abgetropfte kleine weiße Bohnen (Dose) vorsichtig unterheben. 4 große Scheiben italienisches Weißbrot knusprig rösten und mit Knoblauch einreiben (Schritt 4–5). Die Tomaten-Bohnen-Mischung auf die Brotscheiben verteilen. Sofort servieren.

Antipasti-Tomaten

Für 2 Gläser (je ca. 375 ml)

1 kg Strauch- oder Eiertomaten
ca. 250 ml Olivenöl, mehr für das
  Blech
2 TL grobes Meersalz
1 EL Rohrohrzucker
3 Zweige Rosmarin
2 TL getrockneter Oregano

ZUBEREITUNGSZEIT

90 Minuten

1 Die Tomaten waschen, halbieren und von den Stielansätzen befreien. Die Kerne mit einem Löffel entfernen (anderweitig, z.B. für eine Suppe oder Sauce, verwenden). Die Tomatenhälften nochmals halbieren. Das tiefe Backblech mit Öl ausfetten.

2 Die Tomaten mit 1 TL Meersalz, dem Zucker und 40 ml Olivenöl in eine Schüssel geben, gut mischen und auf dem Backblech verteilen. Das Blech in den Ofen schieben und die Tomaten bei 130 °C (Umluft) etwa 1 Stunde 30 Minuten trocknen lassen.

3 Die Gläser vorbereiten. Die Rosmarinzweige waschen und trocken tupfen, in jedes Glas 1 Zweig geben und die Tomaten auf die Gläser verteilen. Mit dem restlichen Meersalz (1 TL) und dem getrockneten Oregano bestreuen. Die Tomaten mit Olivenöl vollständig bedecken und die Gläser fest verschließen.

> **Knoblauchfans geben zusammen mit den Tomaten noch einige leicht zerdrückte Knoblauchzehen auf das Blech.**

Tomatenmousse mit Portweingelee und Basilikum

FÜR 6 PERSONEN

120 ml Portwein
120 ml Kalbsfond (Glas)
1 TL Balsamico-Essig
45 g Instant-Gelatine
300 g aromatische Tomaten
2 EL Tomatenmark
3 EL Tomatenketchup
Salz
frisch gemahlener Pfeffer
2 Messerspitzen Cayennepfeffer
1 EL Orangenlikör
200 g Sahne
4 Stängel Basilikum

ZUBEREITUNGSZEIT

30 Minuten

1 Für das Gelee den Portwein mit Kalbsfond und Balsamico-Essig verrühren. 15 g Instant-Gelatine einrieseln lassen und 1 Minute weiterrühren. Eine flache Schale kalt ausspülen und die Flüssigkeit etwa 1 cm hoch hineingießen. Zudecken und im Kühlschrank in etwa 2 Stunden fest werden lassen.

2 Währenddessen die Tomaten waschen, von den Stielansätzen befreien und grob zerkleinern. Tomatenstücke mit dem Stabmixer pürieren, anschließend durch ein feines Sieb passieren. 15 g Instant-Gelatine, Tomatenmark und -ketchup unterrühren. Tomatenmasse mit Salz, Pfeffer, Cayennepfeffer und Orangenlikör abschmecken.

3 Sahne steif schlagen, dabei das restliche Gelatinepulver (15 g) einrieseln lassen. Unter die Tomatenmasse heben. Sechs Portionsformen (je 125 ml Inhalt) mit kaltem Wasser ausspülen. Tomatenmousse hineinfüllen, mit Frischhaltefolie zudecken und im Kühlschrank in etwa 2 Stunden fest werden lassen.

4 Basilikum waschen und die Blättchen abzupfen. Portweingelee aus der Schale stürzen und in kleine Würfel schneiden. Tomatenmousse vorsichtig auf sechs Teller stürzen, mit Geleewürfeln und Basilikum garnieren.

Besonders attraktiv wirkt die Tomatenmousse, wenn sie in Herzformen gefüllt und anschließend gestürzt wird. Praktisch hierfür: Silikonform mit Herzmulden.

Spargel-Tomaten-Antipasti

Für 4 Gläser (je ca. 400 ml)

600 g grüner Spargel

300 g kleine gelbe und rote Cocktailtomaten

1 kleine Knoblauchzehe

10 EL Olivenöl, mehr zum Auffüllen

Salz

3 EL Kapern

½ TL Zucker

frisch gemahlener Pfeffer

4 EL Weißweinessig

ZUBEREITUNGSZEIT

30 Minuten

1 Den Backofen auf 200 °C vorheizen. Die Spargelstangen im unteren Drittel schälen, von den Enden befreien und in 5–6 cm lange Stücke schneiden. Die Tomaten waschen und trocken tupfen. Den Knoblauch schälen und in Scheiben schneiden.

2 Tomaten und Knoblauch mit 6 EL Öl, etwas Salz, den Kapern und dem Zucker in einer kleinen Gratinform mischen; so in der Form verteilen, dass die Tomaten dicht nebeneinanderliegen. Im heißen Ofen (unten) etwa 20 Minuten garen, bis die Tomaten leicht aufplatzen.

3 Restliches Öl (4 EL) erhitzen. Spargel darin in 3–5 Minuten unter Wenden bissfest braten; salzen und pfeffern. Gläser vorbereiten. Die Tomaten aus dem Ofen nehmen und mit einem Schaumlöffel in die Gläser füllen, ebenso den heißen Spargel. Die Tomatenflüssigkeit in der Form mit Essig ablöschen; über Spargel und Tomaten in den Gläsern verteilen. Alles mit Olivenöl auffüllen, bis das Gemüse bedeckt ist. Gläser fest verschließen und an einem kühlen Ort lagern.

Ziegenkäse-Tomaten-Kuchen

FÜR 1 SPRINGFORM (20 cm Ø)

30 g Butter, mehr für die Form

1 kleine Handvoll Basilikumblätter

100 g salzige Cracker

200 g kleine Cocktailtomaten

100 g Ziegengouda

2 Eier

250 g Quark (20 % Fett)

2 EL Grieß

Salz

frisch gemahlener weißer Pfeffer

ZUBEREITUNGSZEIT

60 Minuten

1 Den Backofen auf 180 °C vorheizen. Die Form mit Butter fetten. Basilikum waschen und trocken tupfen. Einige Blätter beiseitelegen, die restlichen quer in Streifen schneiden.

2 Die Butter in einer kleinen Pfanne zerlassen. Cracker zerbröseln (im Mixer oder in einem Gefrierbeutel mithilfe einer Teigrolle); mit Butter und Basilikumstreifen mischen. Bröselmasse auf dem Formboden verteilen und andrücken. Tomaten waschen, trocken reiben und auf dem Crackerboden verteilen.

3 Den Ziegengouda raspeln. Eier trennen. Die Eiweiße zu Schnee schlagen. Quark mit Eigelben, Grieß und Käse cremig rühren, die Masse mit Salz und Pfeffer abschmecken. Eischnee unterheben.

4 Die Käsemasse auf den Tomaten in der Form verteilen. Den Käsekuchen im heißen Ofen (Mitte) etwa 35 Minuten backen, bis die Masse gestockt und gebräunt ist. Herausnehmen und abkühlen lassen. Mit Basilikum garnieren und in Viertel schneiden.

Hauptgerichte mit Geflügel und Fleisch

Tomaten-Huhn mit Oliven

FÜR 6 PERSONEN

1 küchenfertiges Huhn (Poularde)
    1,5 kg
schwarzer Pfeffer
2 EL Olivenöl
3 Knoblauchzehen, in dünne Schei-
    ben geschnitten
10 Salbeiblätter, fein gehackt
125 ml trockener Weißwein
600 g Eiertomaten, gehäutet und
    klein gehackt
150 g schwarze Oliven,
    halbiert und entsteint
400 g Baguette

ZUBEREITUNGSZEIT

55 Minuten

1 Das Huhn am besten mit der Geflügelschere in 6 Teile schneiden: 2 Brustteile, 2 Keulen, 2 Flügel mit Rückenteil. Sichtbares Fett entfernen. Alle Geflügelteile kräftig mit Salz und Pfeffer einreiben.

2 In einem Schmortopf das Olivenöl erhitzen und die Hühnerteile darin rundum goldbraun anbraten. Knoblauch und Salbei zugeben und kurz mit anbraten. Dann alles mit 50 ml Weißwein ablöschen.

3 Tomatenstückchen zu den Hühnerteilen in den Topf geben und kurz mitdünsten, anschließend alles mit den restlichen 75 ml Wein ablöschen. Im geschlossenen Topf bei schwacher Hitze 15 Minuten schmoren.

4 Die Oliven zum Geflügelgericht geben. Alles zugedeckt weitere 15 Minuten garen. Zum Schluss mit Salz und Pfeffer abschmecken. Die Hähnchenteile mit der Tomaten-Oliven-Sauce auf einer vorgewärmten Platte anrichten, mit den restlichen Salbeiblättchen garnieren und mit dem Brot servieren.

Schwere fleischige Hühner bekommen Sie auf Bauernmärkten, direkt beim Bauern oder im Bio-Laden mit Fleischtheke. Meist handelt es sich dabei um junge Hähne, die etwas festeres Fleisch und ein sehr günstiges Fleisch-Knochen-Verhältnis haben. Hühner mit einem Gewicht zwischen 800 und 1200 g werden im Handel als Hähnchen, über 1200 g schwere Hühner meist als Poularden verkauft.

Das Hähnchen mit der Geflügelschere in 6 Teile schneiden. Dicke
Fettlappen entfernen.

Die Hähnchenteile in heißem Öl
rundherum goldbraun anbraten.

Speck-Risotto mit Tomaten und Frühlingszwiebeln

FÜR 4 PERSONEN

250 g Frühstücksspeck, gewürfelt

1 Zwiebel, fein gewürfelt

2 Knoblauchzehen, fein gehackt

2 Frühlingszwiebeln, weiße und
  grüne Abschnitte separat in
  Scheiben geschnitten

350 g Risotto-Reis

1 l Rinderbrühe, erhitzt

10 Kirschtomaten, halbiert

50 g Parmesan, gerieben

ZUBEREITUNGSZEIT

30 Minuten

1 Speck in einer beschichteten Pfanne unter gelegentlichem Rühren leicht knusprig braten. Die Hälfte des Specks herausnehmen. Zwiebel, Knoblauch und weiße Frühlingszwiebeln in der Pfanne andünsten.

2 Den Reis mit 1 Schöpflöffel Brühe zufügen und unter ständigem Rühren köcheln lassen, bis er die Brühe aufgenommen hat. So schöpflöffelweise weitere Brühe zufügen und den Reis unter Rühren bissfest garen.

3 Die grünen Frühlingszwiebeln und die Tomaten untermischen. Risotto mit Parmesan und übrigem Speck bestreuen und sofort servieren.

Schinken-Tomaten-Gratin

FÜR 4 PERSONEN

600 g Tomaten

250 g Riesenchampignons

250 g Mozzarella

300 g gekochter Schinken,
   in ½ cm dicken Scheiben

1 Bund Thymian

1 Knoblauchzehe

6 EL Olivenöl, mehr für die Form

Salz

frisch gemahlener Pfeffer

frisch geriebene Muskatnuss

2–3 Zweige Basilikum

ZUBEREITUNGSZEIT

35 Minuten

1 Den Backofen auf 250 °C vorheizen. Die Tomaten waschen, von den Stielansätzen befreien und in knapp 1 cm dicke Scheiben schneiden. Die Pilze putzen und in 1/2 cm dicke Scheiben schneiden.

2 Mozzarella abtropfen lassen und ebenfalls in 1 cm dicke Scheiben schneiden. Die Schinkenscheiben in etwa 5 × 5 cm große Stücke schneiden.

3 Eine Gratinform mit etwas Olivenöl fetten. Tomaten, Champignons, Schinken und Mozzarella dachziegelartig hineinschichten.

4 Thymian waschen, Blätter abzupfen und hacken. Knoblauch schälen und fein würfeln. Beides mit dem Olivenöl verrühren; die Ölmischung mit Salz, Pfeffer und Muskat würzen.

5 Das Würzöl über das Gratin träufeln. Das Gratin im heißen Ofen (2. Schiene von unten) 15 Minuten überbacken. Inzwischen die Basilikumblätter abzupfen; das Gratin vor dem Servieren mit den Blättern bestreuen.

Für eine würzige Note können Sie 125 g Mozzarella durch 100 g geriebenen Bergkäse ersetzen. Den geriebenen Käse auf das Gratin streuen.

Schweinefilet mit Tomaten und Sherry

FÜR 4 PERSONEN

2 EL Olivenöl, mehr für die Form
600 g Schweinefilet
Salz
frisch gemahlener Pfeffer
12 Scheiben Serranoschinken oder
    anderer luftgetrockneter roher
    Schinken (etwa 180 g)
2 Zwiebeln
2 Knoblauchzehen
½ TL Zucker
1 TL getrockneter Thymian
1 TL getrockneter Oregano
1 EL Tomatenmark
1 Dose gehackte Tomaten (400 g)
100 g Sahne
150 g saure Sahne
1 EL Mehl
3 EL Sherry (Fino)
½ TL edelsüßes Paprikapulver
1 Messerspitze Cayennepfeffer
40 g geriebener Manchego oder
    Pecorino

ZUBEREITUNGSZEIT

45 Minuten

1 Eine flache Auflaufform fetten. Das Schweinefilet trocken tupfen und in 12 gleich dicke Stücke schneiden. Das Fleisch salzen und pfeffern. Jedes Filetstück mit einer Scheibe Schinken umwickeln und in die Auflaufform setzen. Kühl stellen.

2 Zwiebeln schälen und würfeln. Knoblauch schälen und fein hacken. Olivenöl in einem Topf erhitzen. Zwiebelwürfel mit dem Knoblauch darin glasig werden lassen. Zucker, Thymian, Oregano und das Tomatenmark dazugeben und ein paar Sekunden miterhitzen.

3 Den Backofen auf 220 °C vorheizen. Gehackte Tomaten und Sahne zu den Zwiebeln geben und heiß werden lassen. Saure Sahne mit dem Mehl verquirlen.

4 Sahne-Mehl-Mischung und Sherry unter die Tomaten rühren. Alles aufkochen und unter ständigem Rühren 1 Minute köcheln lassen. Die Sauce mit Salz, Pfeffer, Paprikapulver und Cayennepfeffer pikant abschmecken. Käse unterrühren. Das Fleisch mit der Tomatensauce bedecken.

5 Die umwickelten Schweinefiletstücke mit der Tomatensauce im heißen Ofen (Mitte) etwa 25 Minuten überbacken. Den Ofen auf Grillstufe umschalten und den Auflauf weitere 2 Minuten überbacken, bis er leicht gebräunt ist.

Clever vorbereiten: Die Schritte 1–4 können Sie bereits am Vortag erledigen. Das umwickelte Fleisch mit der Sauce übergießen, etwas abkühlen lassen, zudecken und in den Kühlschrank stellen. Am nächsten Tag den Auflauf in den kalten Backofen stellen. Den Ofen auf 220 °C aufheizen und den Auflauf überbacken, wie in Schritt 5 beschrieben.

Kalbs-Piccata mit Tomatensauce

FÜR 4 PERSONEN

6 EL Olivenöl

1 Zwiebel

2 Knoblauchzehen

2 Dosen gehackte Tomaten
(je 400 g)

1 TL getrockneter Oregano

Salz

8 kleine Kalbsschnitzel
(je etwa 75 g)

frisch gemahlener Pfeffer

2 Eier

4 EL Milch

6 EL frisch geriebener Parmesan

6 EL Mehl

Basilikum zum Garnieren

ZUBEREITUNGSZEIT

30 Minuten

1 In einem breiten Topf 2 EL Öl erhitzen. Zwiebel und Knoblauch schälen, fein würfeln und im heißen Öl glasig dünsten. Gehackte Tomaten und Oregano dazugeben und aufkochen lassen. Die Sauce offen bei mittlerer Hitze 10 Minuten köcheln lassen. Mit Salz und Pfeffer abschmecken.

2 Während die Sauce köchelt, die Schnitzel flach drücken und auf beiden Seiten mit Salz und Pfeffer würzen.

3 Eier, Milch und Parmesan in einem tiefen Teller verrühren. Das Mehl auf einen zweiten Teller geben. In einer großen Pfanne 2 EL Olivenöl erhitzen.

4 Vier Schnitzel in Mehl wenden, durch die Eier-Parmesan-Masse ziehen und im heißen Öl bei mittlerer Hitze auf jeder Seite 2–3 Minuten braten. Aus der Pfanne nehmen und im 100 °C heißen Ofen warm stellen. Die restlichen Schnitzel panieren und im restlichen Öl (2 EL) wie beschrieben braten.

5 Die Tomatensauce auf vorgewärmte Teller verteilen und pro Portion 2 Schnitzel darauf anrichten. Mit abgezupften Basilikumblättern garnieren.

> Beim Braten der Schnitzel können Sie Zeit sparen, indem Sie die Schnitzel gleichzeitig in zwei großen Pfannen braten.

Rumpsteaks mit Tomaten-Kräuter-Kruste

FÜR 4 PERSONEN

8 in Öl eingelegte getrocknete
   Tomaten, abgetropft
12 Zweige Thymian
2 Zweige Rosmarin
60 g weiche Butter
2 EL körniger Senf
30 g Semmelbrösel
Salz
frisch gemahlener Pfeffer
2 EL Olivenöl
4 Rumpsteaks (je etwa 200 g)

ZUBEREITUNGSZEIT

25 Minuten

1 Die getrockneten Tomaten in kleine Würfel schneiden. Thymian- und Rosmarinzweige waschen, die Blätter abstreifen und hacken.

2 Tomaten und Kräuter mit Butter, Senf und Semmelbröseln vermischen. Mit Salz und Pfeffer würzen.

3 Den Backofengrill oder den Backofen auf 250 °C vorheizen. Die Rumpsteaks trocken tupfen und die Fettkanten mehrmals einschneiden.

4 Das Öl in einer Pfanne heiß werden lassen und die Steaks darin bei starker Hitze auf jeder Seite 2 Minuten braten. Aus der Pfanne auf ein Blech geben.

5 Die Butter-Brösel-Mischung gleichmäßig auf den gebratenen Steaks verteilen. Die Steaks unter dem heißen Backofengrill (2. Schiene von oben) 4–5 Minuten goldbraun gratinieren.

So geht's noch schneller: Statt der frischen Kräuter können Sie einfach 1 EL getrocknete Kräuter der Provence für die Buttermischung verwenden.

Feta-Hackbällchen in Tomatensugo

FÜR 4 PERSONEN

250 g Lammhackfleisch
250 g Rinderhackfleisch
150 g Feta
1 Zwiebel
1 Knoblauchzehe
25 g TK-Petersilie
1 großes Ei
4 EL Semmelbrösel
Salz
frisch gemahlener Pfeffer
4 EL Olivenöl
2 Dosen gehackte Tomaten
    (je 400 g)
1 TL getrockneter Oregano

ZUBEREITUNGSZEIT

30 Minuten

1 Beide Hackfleischsorten in eine Schüssel füllen. Den Schafskäse dazuraspeln. Die Zwiebel und den Knoblauch schälen und fein würfeln.

2 Die zerkleinerten Zutaten mit der Petersilie zum Hackfleisch geben. Ei und Semmelbrösel sowie Salz und Pfeffer hinzufügen. Alles mit den Händen zu einem glatten Teig verkneten. Aus dem Hackfleischteig mit feuchten Händen walnussgroße Kugeln formen.

3 Das Olivenöl in einer großen beschichteten Pfanne erhitzen. Die Hackbällchen darin bei mittlerer Hitze unter gelegentlichem Wenden 5 Minuten braten. Aus der Pfanne nehmen und beiseitestellen.

4 Die gehackten Tomaten in die Pfanne geben. Mit Salz, Pfeffer und Oregano würzen. Bei schwacher Hitze offen etwa 15 Minuten köcheln lassen.

5 Nach 5 Minuten die Hackbällchen in den Sugo geben und bis zum Schluss mitgaren. Nach Belieben mit Petersilie bestreuen und mit Langkornreis oder Fladenbrot servieren.

Wenn Sie kein Lammhackfleisch bekommen können, nehmen Sie stattdessen einfach die gleiche Menge Rinderhackfleisch.

Cevapcici auf Tomaten-Reis

FÜR 4 PERSONEN

2 Knoblauchzehen

1 Bund Petersilie

600 g gemischtes Hackfleisch

2 Eier

1 EL rosenscharfes Paprikapulver

1 EL edelsüßes Paprikapulver

Salz

frisch gemahlener Pfeffer

4 EL Olivenöl

250 g Schnellkochreis (10-Minu-
ten-Reis)

500 ml Gemüsebrühe

1 Dose gehackte Tomaten (400 g)

ZUBEREITUNGSZEIT

30 Minuten

1 Die Knoblauchzehen schälen und fein würfeln. Die Petersilie waschen, die Blätter abzupfen und – bis auf einige Blätter zum Garnieren – fein hacken.

2 Das Hackfleisch in eine Schüssel füllen und mit dem Knoblauch, der gehackten Petersilie und den Eiern vermengen, dabei mit den beiden Paprikasorten sowie Salz und Pfeffer würzen. Aus der Masse 12 gleich große, etwa 10 cm lange Rollen formen; diese für etwa 5 Minuten in den Kühlschrank legen.

3 Inzwischen 2 EL Öl in einem Topf erhitzen und den Reis darin unter Rühren kurz anbraten. Die Brühe dazugießen und aufkochen lassen; den Reis nach Packungsangabe garen. Anschließend die gehackten Tomaten unter den Reis mischen; den Tomaten-Reis mit Salz und Pfeffer abschmecken.

4 Während der Reis gart, das restliche Öl (2 EL) in einer Grillpfanne oder in einer beschichteten Pfanne erhitzen. Die Hackröllchen in die Pfanne geben und bei mittlerer Hitze unter gelegentlichem Wenden 6–8 Minuten braten.

5 Die Cevapcici mit dem Tomaten-Reis auf Tellern anrichten, mit den Petersilienblättern garnieren und servieren.

> **Reste verwerten:** Falls Sie übrig gebliebenen gegarten Reis griffbereit haben, bietet es sich an, den Tomaten-Reis damit zuzubereiten. Den Reis mit den Tomaten erhitzen und den Tomaten-Reis mit Salz, Pfeffer und eventuell etwas gekörnter Brühe abschmecken.

Scharfe Schweinekoteletts mit Tomatensalsa

FÜR 4 PERSONEN

2 Knoblauchzehen
Salz
1 cm Ingwer (etwa 5 g)
½ TL Pimentkörner
1 TL Thymian
1 TL Chilipulver
1 TL Rohrohrzucker
abgeriebene Schale von ½ unbe-
    handelten Zitrone
frisch gemahlener Pfeffer
4 EL Erdnussöl
4 Schweinekoteletts (je 200 g)
400 g aromatische Tomaten
    (z. B. Strauchtomaten)
1 Frühlingszwiebel
2 Stängel Koriandergrün
1 EL Rotweinessig
2 EL Olivenöl

ZUBEREITUNGSZEIT

30 Minuten

1 Die Knoblauchzehen schälen, grob zerkleinern, salzen und fein zerdrücken. Den Ingwer schälen und fein reiben. Die Pimentkörner im Mörser zerstoßen.

2 Den Thymian in einer kleinen Schüssel mit Chilipulver, Zucker, Zitronenschale und Pfeffer mischen. Den geriebenen Ingwer, den zerstoßenen Piment und die Hälfte des Knoblauchs hinzufügen. Das Erdnussöl unterrühren.

3 Die Koteletts trocken tupfen und auf beiden Seiten mit der Marinade bestreichen. Zudecken und bis zum Grillen im Kühlschrank marinieren lassen.

4 Inzwischen für die Tomatensalsa die Tomaten waschen, von den Stielansätzen befreien und in Würfel schneiden. Die Frühlingszwiebel waschen, putzen und in Ringe schneiden.

5 Das Koriandergrün waschen, die Blättchen abzupfen und zerkleinern. Aus Salz, Pfeffer, Essig und Olivenöl eine Vinaigrette schlagen. Koriandergrün und den restlichen zerdrückten Knoblauch unterrühren. Tomatenwürfel und Frühlingszwiebelringe zur Vinaigrette geben und untermischen.

6 Die Koteletts abtropfen lassen (die Marinade aufbewahren) und etwa 12 Minuten grillen, bis sie durchgegart sind. Zwischendurch wenden und mit der Marinade bestreichen. Salzen und pfeffern und mit der Tomatensalsa servieren.

> Wer dünnere Schweinekoteletts auf den Grill legt, kommt mit einer kürzeren Garzeit aus. Koteletts mit einem Gewicht von 130 g sind schon nach 5–6 Minuten durch. In diesem Fall etwa 2 Koteletts pro Portion rechnen.

Penne all'arrabbiata –
Penne mit scharfer Tomatensauce

FÜR 4 PERSONEN

1 Zwiebel

2 EL Butter

100 g Räucherspeck in Streifen

Salz

400 g Penne oder andere kurze
  Nudeln

2 rote oder grüne Chilischoten,
  mehr zum Garnieren (nach
  Belieben)

2 Knoblauchzehen

500 g passierte Tomaten

4 Stängel Petersilie

frisch gemahlener Pfeffer

50 g geriebener Pecorino oder
  Parmesan

ZUBEREITUNGSZEIT

20 Minuten

1 Die Zwiebel schälen und in Würfel schneiden. Die Butter in einer großen Pfanne mit hohem Rand erhitzen. Speckstreifen darin glasig braten. Zwiebelwürfel hinzufügen und kurz mitbraten.

2 Inzwischen in einem Topf Wasser mit Salz zum Kochen bringen und die Nudeln darin nach Packungsangabe bissfest garen.

3 Währenddessen Chilischoten waschen und in Ringe schneiden. Knoblauch schälen, salzen und zerdrücken. Chiliringe (Kerne je nach Schärfewunsch entfernen oder belassen) und den zerdrückten Knoblauch zu Speck und Zwiebeln in die Pfanne geben.

4 Die passierten Tomaten hinzufügen und alles erhitzen. Die Sauce bei schwacher Hitze offen etwa 5 Minuten köcheln lassen; gelegentlich rühren.

5 Währenddessen die Petersilie waschen und trocken schütteln. Blättchen abzupfen und hacken. Die Nudeln abgießen, kurz abtropfen lassen und mit der Petersilie unter die Tomatensauce mischen.

6 Das Gericht mit Salz und Pfeffer abschmecken und zugedeckt bei schwacher Hitze etwa 1 Minute ziehen lassen. Anrichten und mit dem Käse bestreuen. Nach Belieben mit einer ganzen, längs aufgeschnittenen Chilischote oder mit Chiliringen garnieren.

Die richtige Schärfe: Ob frisch oder getrocknet, die Menge an Chilischoten hängt stets von der Schärfeintensität der Schoten und dem individuellen Geschmack ab. Am besten Chilis zunächst vorsichtig dosieren, das Gericht abschmecken und ggf. nachschärfen.

Hackfleischtopf mit Tomaten und Ravioli

FÜR 4 PERSONEN

1 Zwiebel

2 Knoblauchzehen

4 EL Olivenöl

400 g gemischtes Hackfleisch

Salz

frisch gemahlener Pfeffer

1 TL getrockneter Oregano

½ TL getrockneter Rosmarin

500 ml Hühnerbrühe

250 g Zucchini

40 g Pinienkerne

4 Basilikumzweige

2 Dosen gehackte Tomaten
  (je 400 g)

400 g Ravioli (Kühlregal)

25 g geriebener Parmesan

ZUBEREITUNGSZEIT

30 Minuten

1 Die Zwiebel schälen und würfeln. Die Knoblauchzehen schälen und fein hacken. 2 EL Olivenöl in einem Topf erhitzen. Das Hackfleisch darin 2 Minuten bei starker Hitze anbraten, dabei mit dem Kochlöffel krümelig rühren.

2 Zwiebel und Knoblauch zum Hackfleisch geben und 1 Minute mitbraten. Die Mischung mit Salz, Pfeffer, Oregano und Rosmarin würzen. Die Hühnerbrühe dazugießen, aufkochen und zugedeckt etwa 8 Minuten bei schwacher Hitze köcheln lassen.

3 In der Zwischenzeit die Zucchini waschen, putzen und in kleine Würfel schneiden. Zucchini in den Topf geben und 5 Minuten mitgaren. Währenddessen die Pinienkerne in einer trockenen Pfanne rösten. Das Basilikum waschen und die Blättchen abzupfen.

4 Die Tomaten aus den Dosen zur Hackfleischmischung in den Topf schütten und unterrühren; alles einmal aufkochen. Die Ravioli hinzufügen und nach Packungsangabe in der Sauce erhitzen.

5 Den Eintopf auf Teller oder Schalen verteilen. Die Portionen mit Basilikumblättchen, Pinienkernen und Parmesan bestreuen und mit dem restlichen Olivenöl (2 EL) beträufeln.

So geht's noch schneller: Sie können einfach 4 EL Basilikum-Pesto unter den fertigen Eintopf rühren und dafür die Pinienkerne und das Basilikum zum Bestreuen weglassen.

Chiliburger mit Tomatensalsa

FÜR 4 PERSONEN

1 Zwiebel

400 g Rinderhackfleisch

1 EL Chilipulver (Gewürzmischung)

½ TL Dijonsenf

1 TL getrockneter Oregano

Salz

frisch gemahlener Pfeffer

3 EL Öl

200 g Tomaten

2 Frühlingszwiebeln

1 EL Öl

2 EL Chilisauce

4 große flache Brötchen oder
    Hamburger-Brötchen

4 Blätter Kopfsalat

ZUBEREITUNGSZEIT

30 Minuten

1 Die Zwiebel schälen und fein würfeln. Das Hackfleisch in einer Schüssel mit Zwiebelwürfeln, Chilipulver, Senf und Oregano gründlich verkneten. Mit Salz und Pfeffer würzen. Aus der Masse vier flache Burger formen.

2 Das Öl in einer Pfanne erhitzen und die Hackfleischburger darin bei mittlerer Hitze pro Seite 5 Minute braten.

3 Inzwischen für die Salsa die Tomaten waschen, vierteln, entkernen und fein würfeln. Die Frühlingszwiebeln waschen, putzen und in kleine Würfel schneiden. Die Tomaten mit Frühlingszwiebeln, Limettensaft und Chilisauce verrühren; salzen und pfeffern.

4 Die Brötchen waagrecht halbieren und die unteren Hälften mit etwas Tomatensalsa bestreichen.

5 Die Salatblätter auf die mit Salsa bestrichenen Hälften legen und darauf je einen Burger setzen. Die restliche Tomatensalsa darauf verteilen. Mit den oberen Brötchenhälften bedecken.

Aroma plus: Den Hackfleischteig zusätzlich mit einer fein gehackten Knoblauchzehe und 1 TL abgeriebener Zitronenschale würzen.

Entenkeulen im Papierpäckchen mit Tomaten-Couscous

FÜR 4 PERSONEN

4 Entenkeulen

1 TL gemahlener Koriander

1 TL gemahlener Kreuzkümmel,
   mehr für den Couscous

Salz

frisch gemahlener Pfeffer

Knoblauchzehen

6 EL Olivenöl

2 Tomaten

250 g Instant-Couscous

Außerdem:

2 Bögen Backpapier

ZUBEREITUNGSZEIT

65 Minuten

1 Den Backofen auf 200 °C vorheizen. Die Entenkeulen trocken tupfen und mit Koriander, Kreuzkümmel, Salz und Pfeffer rundherum einreiben. Die Knoblauchzehen schälen und längs halbieren.

2 Die Backpapierbögen nebeneinander mit der schmalen Seite nach vorn auf die Arbeitsplatte legen. Jeweils auf die untere Hälfte eines Papiers 2 Entenkeulen und die Hälfte der Knoblauchzehen geben. Alles mit insgesamt 4 EL Olivenöl beträufeln.

3 Die freien Backpapierhälften über Keulen und Knoblauch klappen und die Papierränder nach unten umschlagen, sodass geschlossene Päckchen entstehen. Auf ein Backblech legen; die Keulen im heißen Ofen (2. Schiene von unten) etwa 45 Minuten garen.

4 Etwa 15 Minuten vor Ende der Garzeit den Couscous zubereiten. Dafür die Tomaten waschen, halbieren, von den Stielansätzen befreien und klein würfeln.

5 Den Couscous in eine hitzebeständige Schüssel schütten. ½ TL Salz, 1 Messerspitze Kreuzkümmel und die Tomatenwürfel dazugeben. 300 ml kochend heißes Wasser (bzw. nach Packungsangabe) darübergießen und den Couscous 10 Minuten quellen lassen. Danach das restliche Olivenöl (2 EL) mit einer Gabel unter den Tomaten-Couscous mischen.

6 Die Päckchen aus dem Ofen nehmen, öffnen. Die Keulen samt Knoblauch und Bratöl auf vier Teller verteilen, den Tomaten-Couscous dazu anrichten.

Das schmeckt dazu: Für einen schnellen Dip 100 g Joghurt und 100 g Schmand mit Salz verrühren.

Lammhackbällchen mit Tomatensugo

FÜR 2 PERSONEN

2 Zwiebeln

2 Knoblauchzehen

4 Zweige Minze

4 Stängel Petersilie

1 EL Olivenöl

1 Dose stückige Tomaten (400 g)

Salz

1 Prise Cayennepfeffer

2 EL Pinienkerne

250 g mageres Lammhackfleisch

Pfeffer aus der Mühle

1 kleines Ei (S)

2 EL (Vollkorn-)Semmelbrösel

2 EL Joghurt oder Sahne

ZUBEREITUNGSZEIT

35 Minuten

1 Zwiebeln und Knoblauch schälen. Beides fein würfeln. Minze und Petersilie waschen und trocken schwenken, die Blätter abzupfen und fein hacken.

2 Das Öl in einem Topf erhitzen. Die Hälfte von Zwiebeln und Knoblauch darin kurz dünsten. Tomaten mit Salz und Cayennepfeffer dazugeben; offen unter gelegentlichem Rühren etwa 20 Minuten einköcheln lassen.

3 Inzwischen den Backofen auf 220 °C vorheizen und die Grillfunktion dazuschalten. Pinienkerne, restliche Zwiebeln und restlichen Knoblauch im Mixer fein zerkleinern. Lammhack und die Hälfte der Kräuter hinzufügen. Mit Salz und Pfeffer würzen. Das Ei verquirlen und mit den Semmelbröseln unter die Fleischmasse mischen.

4 Aus der Hackfleischmasse Bällchen formen, diese auf lange Holzspieße stecken und unter dem Backofengrill auf jeder Seite 3–5 Minuten grillen.

5 Die Tomatensauce pürieren und erneut erhitzen. Die restlichen Kräuter untermischen, die Sauce abschmecken und mit Joghurt oder Sahne verfeinern. Hackbällchen mit der Tomatensauce anrichten. Dazu passt Reis und/oder ein grüner Salat.

Gewusst wie: Noch gesünder wird der Sugo, wenn Sie dafür frische Tomaten überbrühen und die Haut abziehen. Das Fruchtfleisch klein schneiden und dabei die ballaststoffreichen Kerne nicht entfernen.

Truthahnfrikadellen mit Tomaten und Pilzen

3 EL Olivenöl

1 große grüne Chilischote,
   entkernt und fein geschnitten

2 große Knoblauchzehen,
   zerdrückt

1 große Prise gemahlener
   Kreuzkümmel

500 g Putenhackfleisch

Salz, schwarzer Pfeffer

4 große Champignons

2 große Tomaten, halbiert

8 Scheiben Baguette

4 große frische Basilikumblätter

Senf (nach Belieben)

ZUBEREITUNGSZEIT

20 Minuten

1 In einem kleinen Pfännchen 1 EL Öl erhitzen. Die Chilischote und den Knoblauch darin 1 – 2 Minuten braten. Den Kreuzkümmel zufügen und das Ganze nochmals einige Sekunden braten. Den Topf vom Herd nehmen und abkühlen lassen.

2 Das Gemisch aus Chili und Knoblauch unter das Putenhackfleisch rühren. Mit Salz und Pfeffer abschmecken. In vier Portionen teilen und daraus je eine flache Frikadelle formen.

3 Eine antihaftbeschichtete Pfanne mit 1 EL Öl dünn ausstreichen und erhitzen. Die Frikadellen von beiden Seiten etwa 3 – 4 Minuten braten, anschließend herausnehmen und warm halten.

4 Die Pilze putzen, die Enden abschneiden und mit den Tomaten in die Pfanne geben. Bei Bedarf die Pfanne nochmals einfetten. Pilze und Tomaten 3 – 4 Minuten braten, einmal wenden.

5 In der Zwischenzeit die Brotscheiben toasten und leicht mit Öl beträufeln. Das Basilikum waschen, trocken tupfen und in feine Streifen schneiden. Dann über die Tomaten streuen. Alles servieren. Zum Fleisch nach Belieben Senf reichen.

> **Putenhackfleisch hat weniger Fett als Schweine- oder Rinderhackfleisch. Auch Kinder mögen den milden Geschmack.**

Hähnchenragout mit Tomaten und Spinat

FÜR 4 PERSONEN

500 g ausgelöste Hähnchenschlegel
    ohne Haut
150 g Zwiebeln, fein gehackt
4 grüne Kardamomkapseln, aufge-
    schlitzt
½ TL Cayennepfeffer
5 cm Zimtstange, halbiert
2 große Knoblauchzehen, zerdrückt
2 TL Ingwer, gerieben
½ TL Kurkuma
50 g fettarmer Naturjoghurt
Salz
250 g Spinat, frisch oder aufgetaute
    Tiefkühlware
225 g Tomaten aus der Dose,
    stückig
50 g fettarmer Frischkäse
1 Prise Garam Masala

ZUBEREITUNGSZEIT

50 Minuten

1 Alles Fett von den Hähnchenschlegeln entfernen, dann das Fleisch halbieren. Mit den Zwiebeln, Kardamom, Cayennepfeffer, Zimt, Knoblauch, Ingwer, Kurkuma, Joghurt und Salz in einen Topf geben.

2 Das Ganze bei mittlerer Hitze und unter ständigem Rühren erhitzen und unter häufigem Rühren garen, bis Saft aus den Geflügelteilen austritt. Dann die Hitze zurückschalten und alles zugedeckt 12 Minuten köcheln lassen. Gelegentlich umrühren.

3 Inzwischen die dicken Stengel vom Spinat schneiden und die Blätter hacken. Gefrorenen Blattspinat zwischen zwei Bretter legen, überschüssige Flüssigkeit auspressen und den Spinat klein schneiden.

4 Den Deckel abnehmen, die Hitze erhöhen und noch 5–6 Minuten kochen, bis die meiste Flüssigkeit verdampft und die Sauce eingedickt ist. Dabei häufig umrühren, damit nichts am Boden ansetzt.

5 Die Tomaten dazugeben und offen 1–2 Minuten weiterkochen, bis sie sich gut mit der Sauce vermischt haben.

6 Den Spinat portionsweise zugeben und gut umrühren. Sobald die erste Portion weich wird, die nächste zugeben und weiterrühren. Die Hitze herunterschalten und 5 Minuten weiterköcheln, bis beim Einstechen des Hähnchens nur noch klarer Fleischsaft austritt.

7 Dann den Frischkäse und Garam Masala dazugeben und gut untermischen. Die Zimtstange herausnehmen und das Gericht servieren.

Pappardelle mit Huhn und Cocktailtomaten

FÜR 4 PERSONEN

2 EL Olivenöl

1 rote Zwiebel, halbiert und in dünne Halbringe geschnitten

2 Knoblauchzehen, zerdrückt

500 g Hähnchenbrustfilet, in 2 cm
große Würfel geschnitten

400 g Cocktailtomaten, halbiert

400 g Pappardelle

150 g Rucola

ZUBEREITUNGSZEIT

20 Minuten

1 Das Olivenöl in einer Pfanne bei schwacher Hitze heiß werden lassen. Zwiebel und Knoblauch darin unter Rühren 2 Minuten braten. Das Hähnchenfleisch zufügen und bei mittlerer Hitze mitbraten. Die Hitze etwas reduzieren und die Tomatenhälften in die Pfanne geben. Das Ganze zugedeckt unter gelegentlichem Rühren 8–10 Minuten garen, bis die Tomaten sehr weich sind und das Fleisch durchgegart ist.

2 In der Zwischenzeit die Pappardelle in reichlich sprudelnd kochendem Salzwasser nach Packungsangabe bissfest garen. In ein Sieb schütten, abtropfen lassen und in eine vorgewärmte große Schüssel füllen.

3 Den Rucola unter die Sauce rühren; abschmecken. Die Sauce zu den Nudeln in die Schüssel geben und alles behutsam mischen. Sofort servieren.

Hauptgerichte mit Fisch und Meeresfrüchten

Sardinen auf Tomatenbett im Ofen gegart

FÜR 4 PERSONEN

Alufolie
2 EL Olivenöl
8 küchenfertige Sardinen
(etwa 1 kg)
Salz
schwarzer Pfeffer
3 Fleischtomaten, in Scheiben
geschnitten
2 Bund Rucola, grob zerkleinert
2 Frühlingszwiebeln, in feine Ringe
geschnitten
4 Knoblauchzehen, halbiert
4 Lorbeerblätter, halbiert
200 g Ciabatta

ZUBEREITUNGSZEIT

50 Minuten

1 Den Backofen auf 160 °C vorheizen. Ein Backblech mit einem Stück Alufolie belegen, das etwa doppelt so groß ist wie das Blech. Folie dünn mit 1 EL Öl bestreichen.

2 Die Sardinen waschen, mit Küchenpapier trockentupfen. Innen und außen leicht mit Salz und Pfeffer bestreuen.

3 Die Tomatenscheiben dachziegelartig auf die Folie legen. Rucola und Frühlingszwiebeln vermischen, die Hälfte davon auf die Tomaten streuen. Die Sardinen darauflegen. In jede Sardine je ½ Knoblauchzehe und ½ Lorbeerblatt stecken.

4 Restliche Rucola-Zwiebel-Mischung auf den Fischen verteilen. Alles mit Salz und Pfeffer bestreuen und mit dem restlichen Öl beträufeln. Die Folie locker über den Fischen zusammenschlagen und verschließen. Die Fische im heißen Ofen etwa 20 Minuten garen. Mit Ciabatta oder anderem Weißbrot und gemischtem Salat servieren

Sardinen zählen zu den Fischen mit relativ hohem Omega–3-Fettsäuren-Gehalt. Deren positiver Effekt auf das Herz-Kreislauf-System ist mittlerweile fast jedem bekannt. Wie es scheint, sind diese Fettsäuren aber auch für die Gehirnfunktion und den Sehvorgang wichtig. So könnten sie eine Rolle bei der Linderung depressiver Störungen und auch bei der Verhütung der altersbedingten Makula-Degeneration spielen. Ebenso vermutet man einen positiven Einfluss auf rheumatische Arthritis, Asthma, Lupus, Nierenkrankheiten und Krebs.

Vom Rucola die harten Stielchen entfernen und die Blätter grob zerkleinern.

Die Sardinen innen und außen mit Salz und Pfeffer bestreuen.

Die Alufolie zur Mitte hin über Tomaten und Fische schlagen, mehrfach zusammenfalzen. Die offenen Seiten ebenfalls mehrmals einschlagen.

Gebratener Lachs mit einer Sauce aus Tomaten, Zucchini und Oliven

FÜR 4 PERSONEN

1 EL Olivenöl extra vergine

4 enthäutete Lachsfilets (je etwa 150 g), entgrätet

1 Dose (400 g) ungewürzte stückige Tomaten im Saft

300 g Zucchini, grob gewürfelt

2 EL gehackte Basilikumblätter

2 EL gehackte entsteinte grüne Oliven

1 Knoblauchzehe, fein gehackt oder zerdrückt

Salz und schwarzer Pfeffer aus der Mühle

ZUBEREITUNGSZEIT

20 Minuten

1 Eine große beschichtete Pfanne kräftig erhitzen und das Öl durch Schwenken gleichmäßig darin verteilen. Die Lachsfilets im heißen Öl insgesamt 4 Minuten braten, dabei nach der Hälfte der Garzeit mit einem Fischheber wenden. Aus der Pfanne nehmen und auf einer Platte beiseitestellen.

2 Die Dosentomaten samt ihrem Saft mit Zucchini, Basilikum, Oliven, Knoblauch und 1 Prise Pfeffer in die Pfanne geben. Zum Kochen bringen, anschließend auf mittlerer Stufe unter häufigem Rühren in etwa 3 Minuten sämig einkochen lassen. Mit Salz abschmecken.

3 Lachsfilets zurück in die Pfanne geben, mit der Gemüse-Sauce beschöpfen und ohne Deckel garen, bis das Fischfleisch an der dicksten Stelle nicht mehr glasig ist. Rechnen Sie je nach Dicke der Filets mit etwa 5 Minuten.

Fall Sie statt Dosenware frische Tomaten bevorzugen, nehmen Sie für dieses Rezept am besten Eiertomaten. Um sie zu enthäuten, die Tomaten am unteren Ende kreuzförmig einritzen. In einem Sieb in kochendes Wasser tauchen, bis sich die Haut nach etwa einer Minute zu lösen beginnt. Tomaten in Eiswasser abschrecken, dann die Haut abziehen und die Tomaten zerkleinern. Den austretenden Saft auffangen. Anschließend weiterverarbeiten, wie im Rezept oben beschrieben.

Seelachsfilet mit Kräuter-Knoblauch-Tomaten

FÜR 2 PERSONEN

400 g Tomaten

Olivenöl für die Form

Salz

Pfeffer aus der Mühle

¼ Bund Petersilie

¼ Bund Basilikum

2 EL Olivenöl

3 Zehen von 1 jungen Knoblauch-
knolle

400 g Seelachsfilet

3 EL Pinienkerne

ZUBEREITUNGSZEIT

35 Minuten

1 Die Tomaten waschen und quer in Scheiben schneiden, dabei die Stielansätze entfernen. Eine Auflaufform mit etwas Olivenöl fetten, die Tomatenscheiben hineinlegen und mit Salz und Pfeffer würzen. Den Backofen auf 200 °C vorheizen.

2 Petersilie und Basilikum waschen und trocken schwenken. Die Blättchen abzupfen, ein paar beiseitelegen und die restlichen fein hacken. Die Kräuter mit dem Olivenöl fein pürieren. Das Kräuteröl mit Salz und Pfeffer würzen.

3 Die Knoblauchzehen nicht schälen, dickere Zehen längs halbieren. Knoblauch und Kräuteröl auf den Tomaten verteilen und im heißen Ofen etwa 5 Minuten garen. Das Fischfilet mit Küchenpapier trocken tupfen und in Stücke schneiden.

4 Die Tomaten aus dem Ofen nehmen. Die Fischstücke darauflegen, mit etwas Tomatensud bestreichen und mit Salz und Pfeffer würzen. Die Pinienkerne darüberstreuen, Tomaten und Fisch in den Ofen stellen und etwa 15 Minuten garen.

5 Den Seelachs mit den Knoblauch-Tomaten auf zwei vorgewärmten Tellern anrichten und mit den Petersilien- und Basilikumblättchen garnieren. Dazu passen kleine Salzkartoffeln oder Baguette.

Dorade mit würziger Paprika-Tomaten-Sauce

FÜR 4 PERSONEN

1 TL gemahlener Kreuzkümmel

½ TL edelsüßes Paprikapulver

3 Messerspitzen Cayennepfeffer

¼ TL gemahlener Safran

4 Knoblauchzehen

Salz

8 EL Olivenöl

3 EL Zitronensaft

frisch gemahlener Pfeffer

½ Bund Petersilie

1 rote Zwiebel

4 küchenfertige Doraden (je 300 g)

2 Frühlingszwiebeln

1 gelbe Paprikaschote

250 g Tomaten

2 EL Weinessig

ZUBEREITUNGSZEIT

30 Minuten

1 Den Kreuzkümmel mit Paprikapulver, Cayennepfeffer und Safran mischen. Den Knoblauch schälen, grob zerkleinern, salzen und fein zerdrücken.

2 Die Gewürzmischung mit dem Knoblauch, 4 EL Olivenöl und dem Zitronensaft zu einer Paste verrühren; diese mit Salz und Pfeffer würzen.

3 Die Petersilie waschen, Blättchen abzupfen und hacken. Die Zwiebel schälen und in Würfel schneiden. Petersilie und Zwiebel mit der Hälfte der Gewürz-Öl-Mischung verrühren.

4 Die Doraden innen und außen waschen, trocken tupfen und salzen. Jeden Fisch mit einem Viertel der Petersilienmischung füllen und außen mit 2 EL Olivenöl bestreichen.

5 Die Doraden etwa 12 Minuten unter gelegentlichem Wenden grillen, bis sie durchgegart sind.

6 Inzwischen die Frühlingszwiebeln und die Paprikaschote putzen, waschen und fein zerkleinern bzw. würfeln. Tomaten waschen, von den Stielansätzen befreien und ebenfalls in Würfel schneiden.

7 Das zerkleinerte Gemüse mit der übrigen Gewürz-Öl-Mischung verrühren, dabei das restliche Olivenöl (2 EL) und den Essig hinzufügen. Die Sauce mit Salz und Pfeffer würzen und die Doraden mit der Tomaten-Paprika-Sauce auf Tellern anrichten.

Clever vorbereiten: Die Doraden können bereits einen Tag vorher gefüllt und mit Öl bestrichen werden. Anschließend zugedeckt kühl stellen.

Schellfisch mit Tomaten-Zwiebel-Salsa

FÜR 4 PERSONEN

1 rote Zwiebel
4 Tomaten
¼ TL Chiliflocken
1 EL Ingwerwürfel in Sirup
1 TL Zucker
1 EL Tomatenmark
1 EL Rotweinessig
3 EL Olivenöl, mehr für das Blech
Salz
frisch gemahlener Pfeffer
4 dicke Stücke Schellfisch mit Haut
   (je etwa 125 g)
Kresse zum Garnieren

ZUBEREITUNGSZEIT

20 Minuten

1 Für die Salsa die Zwiebel schälen, halbieren, in Halbringe schneiden und in eine Schüssel geben. Tomaten waschen und halbieren; Stielansätze und Kerne entfernen. Tomatenhälften in Streifen schneiden.

2 Tomaten mit Chiliflocken, Ingwerwürfeln und Zucker in die Schüssel zur Zwiebel geben. Tomatenmark, Essig und 2 EL Öl unterrühren. Die Salsa mit Salz und Pfeffer abschmecken.

3 Den Backofengrill auf höchster Stufe vorheizen. Ein Backblech dünn fetten. Die Schellfischstücke mit den Hautseiten nach oben darauflegen und mit ½ EL Olivenöl bestreichen. 3 Minuten grillen, dann wenden, mit dem restlichen Öl (½ EL) bestreichen und weitere 3 Minuten grillen, bis die Stücke gar sind.

4 Die Salsa auf vier Teller verteilen und die Fischstücke darauf anrichten. Mit etwas Salz und grob gemahlenem Pfeffer bestreuen, mit Kresse garnieren und sofort servieren.

Als Alternative für die Salsa Zwiebel und Tomaten mit 150 g Maiskörnern, 3 EL gehacktem Koriandergrün, 3 EL Limettensaft, ein paar Tropfen Tabascosauce sowie Salz und Pfeffer verrühren.

Tagliatelle mit Riesengarnelen, Tomaten und Basilikum

FÜR 4 PERSONEN

750 g Tomaten

1 EL frisches Basilikum, fein
    gewiegt

1½ EL Champagner- oder Weiß-
    weinessig

2 EL Olivenöl

Salz und schwarzer Pfeffer

500 g rohe Riesengarnelen ohne
    Kopf, frisch oder aufgetaute
    Tiefkühlware

250 g frische Tagliatelle (Band-
    nudeln)

3 Knoblauchzehen, zerdrückt

zum Garnieren:

frische Basilikumblätter

ZUBEREITUNGSZEIT

50 Minuten

1 In einem Topf Wasser zum Kochen bringen. Die Tomaten auf der Unterseite kreuzweise einschneiden. Mit kochendem Wasser über-gießen, kurz (1–2 Minuten) stehen lassen und anschließend häuten. Die Tomaten vierteln und die Kerne herausschaben. Ein Sieb in eine Schüssel setzen und die Kerne darin ausdrücken. So viel Saft wie mög-lich in der Schüssel auffangen und danach die Kerne wegwerfen.

2 Das Tomatenfleisch würfeln und zu dem Saft geben, dann Basi-likum, Essig und 1 EL Olivenöl zufügen. Abschmecken und beiseite stellen. In einem großen Topf Salzwasser aufkochen.

3 Die Garnelen aus den Schalen lösen, mit einem kleinen, scharfen Messer am Rücken flach einschneiden und den schwarzen Darm her-ausziehen. Die ausgelösten Garnelen waschen und mit Küchenpapier trockentupfen.

4 Die Nudeln im kochenden Wasser nach Packungsanleitung kochen.

5 Inzwischen 1 EL Öl in einer großen beschichteten Pfanne auf gro-ßer Flamme erhitzen. Sobald das Öl heiß ist, die Garnelen salzen und pfeffern und anschließend 2 Minuten unter Rühren anbraten. Den Knoblauch zufügen und alles weitere 2–3 Minuten braten, dabei häu-fig umrühren, bis die Garnelen rundum eine rosa Farbe annehmen.

6 Die Nudeln abgießen und in die Tomatensauce geben; die gebra-tenen Garnelen und das Knoblauchöl unterrühren, in vier tiefe Teller füllen, mit Basilikum bestreuen und servieren.

Seeteufel mit Tomaten

FÜR 4 PERSONEN

2 große Knoblauchzehen

2 Zweige Rosmarin

2 Stück Seeteufelfilet (je 250 g)

1 unbehandelte Limette

25 g Butter

Salz

frisch gemahlener Pfeffer

20 Cocktailtomaten

Außerdem:

Alufolie und Olivenöl für die Folie

ZUBEREITUNGSZEIT

35 Minuten

1 Den Knoblauch schälen und längs in Viertel schneiden. Rosmarin waschen und in Stücke brechen. Den Backofen auf 200 °C vorheizen.

2 Von der Alufolie 2 etwa 30 cm lange Bögen abschneiden. Diese innen mit Olivenöl bepinseln und darauf mittig jeweils 1 Stück Fischfilet legen. Die Filets mehrmals mit einer Messerspitze einstechen; Knoblauch und Rosmarin in die Schlitze stecken.

3 Die Limette heiß waschen und abtrocknen. Die Schale abreiben und auf die Fischfilets streuen. Die Limette in sehr dünne Scheiben schneiden und auf die Fischstücke legen.

4 Die Butter in Flöckchen auf dem Fisch verteilen und alles salzen und pfeffern. Die Tomaten waschen und quer halbieren; je 10 Hälften mit den Schnittflächen auf den Fisch bzw. die Limettenscheiben legen. Die Folie über die Füllung schlagen und verschließen.

5 Die Päckchen auf ein Backblech legen und im heißen Ofen (Mitte) 10 Minuten garen. Anschließend die Päckchen öffnen und 10 Minuten weitergaren, bis sich der Fisch beim Einstechen mit einer Messerspitze leicht zerpflücken lässt.

6 Zum Servieren die Fischstücke längs halbieren, mit Tomaten und Limetten auf Tellern anrichten und alles mit dem Garsud aus den Päckchen beträufeln.

> **Eine mediterrane Note bekommt das Gericht, wenn Sie anstelle von Butter Olivenöl verwenden und den Fisch noch mit Kapern und schwarzen Oliven (z. B. Kalamata) bestreuen.**

Würzige Tomaten-Muschel-Pfanne

FÜR 4 PERSONEN

450 g Jakobsmuscheln

4 TL Speisestärke

2 TL Olivenöl

3 Knoblauchzehen, gehackt

600 g Cocktailtomaten

160 ml Wermut, Weißwein oder
    Hühnerbrühe

½ TL Salz

40 g Basilikum, frisch gehackt

1 EL kaltes Wasser

ZUBEREITUNGSZEIT

15 Minuten

1 Die Muscheln mit 3 TL Speisestärke panieren, überschüssige Stärke abschütteln. Das Öl in einer großen beschichteten Pfanne bei mittlerer Hitze heiß werden lassen. Die Muscheln etwa 3 Minuten darin goldbraun anbraten. Die Muscheln mit einem Schaumlöffel in eine Schüssel heben.

2 Knoblauch in die Pfanne geben und etwa 1 Minute anbraten. Die Tomaten zufügen und etwa 4 Minuten kochen, bis sie weich werden. Wermut, Salz und Basilikum zugeben und etwa 1 Minute kochen lassen.

3 Inzwischen 1 TL Speisestärke mit 1 EL kaltem Wasser verrühren und zu den Tomaten in die Pfanne geben, unter Rühren etwa 1 Minute kochen, bis die Sauce leicht eingedickt ist.

4 Die Muscheln zurück in die Pfanne geben, die Hitze reduzieren und alles etwa 1 Minute köcheln lassen, bis die Muscheln heiß sind.

Dazu passen als Beilage asiatische Reis-Vermicelli oder Naturreis und als Nachspeise Honigmelonenspalten mit einer Sauce aus Zitronenjoghurt und Orangensaft.

Die Muscheln braten, bis sie auf beiden Seiten goldbraun sind.

Die Tomaten so lange kochen, bis sie beginnen zusammenzufallen.

Wermut und gehacktes Basilikum zu den Tomaten in die Pfanne geben.

Calamari mit Tomaten-Avocado-Salsa

FÜR 4 PERSONEN

½ entkernte rote Chilischote
6 EL Olivenöl
2 TL Honig
2 TL getrockneter Thymian
Salz
frisch gemahlener Pfeffer
12 kleine Tintenfischtuben
   (küchenfertige Baby-Calamari;
   etwa 600 g)
1 reife große Avocado
3 EL Zitronensaft
1 cm frischer Ingwer (5 g)
2 EL Sojasauce
250 g Tomaten

ZUBEREITUNGSZEIT

20 Minuten

1 Für die Marinade die halbe Chilischote in feine Streifen schneiden. Das Olivenöl mit dem Honig, den Chilistreifen, dem Thymian sowie Salz und Pfeffer verrühren. 3 EL von der Marinade für die Tomaten-Avocado-Salsa abnehmen.

2 Die Tintenfischtuben waschen und trocken tupfen. Mit der Marinade mischen, zudecken und bis zum Grillen im Kühlschrank durchziehen lassen.

3 Die Avocado halbieren und den Kern entfernen. Das Fruchtfleisch klein würfeln und in einer Schale sofort mit dem Zitronensaft vermischen.

4 Den Ingwer schälen und fein reiben. Mit der Sojasauce und der abgenommenen Marinade verrühren.

5 Die Tomaten waschen, von den Stielansätzen befreien und in Würfel schneiden. Das Ingwerdressing unter die Avocadowürfel mischen und die Tomatenwürfel unterheben.

6 Die Tintenfischtuben aus der Marinade nehmen und abtropfen lassen (die Marinade aufbewahren); pro Seite etwa 2 Minuten grillen, dabei einmal mit Marinade bestreichen. Die Calamari auf Tellern anrichten und sofort servieren. Die Tomaten-Avocado-Salsa dazu reichen.

> **Variante: Calamari mit Radicchiosalat**
> Die Calamari wie beschrieben marinieren und grillen. In einer größeren Schüssel aus 3 EL beiseitegestellter Marinade, 1 TL Senf und 3 EL weißem Balsamico-Essig eine Salatsauce rühren. Eine in Würfel geschnittene Avocado sofort untermischen. Einen in Streifen geschnittenen kleinen Radicchio und einen in Würfel geschnittenen Pfirsich hinzufügen und alles durchmischen. Die Calamari anrichten und den bunten Radicchiosalat dazu reichen.

Die gekochte Kartoffel zerstampfen.

Aus der Lachsmischung mittelgroße Frikadellen formen.

Die Lachsfrikadellen in Vollkorn- semmelbröseln wenden.

Lachsfrikadellen mit cremiger Tomatensauce

FÜR 4 PERSONEN

60 g getrocknete Tomaten (nicht in
  Öl eingelegt)

4 Knoblauchzehen, geschält

80 g fettarmer Joghurt

½ TL scharfe Pfeffersauce

1 große Kartoffel (280 g), klein
  geschnitten

420 g rosa Lachs (aus der Dose),
  abgetropft und klein geschnitten

2 EL und 80 g Vollkornsemmelbrösel

60 g Dill, frisch gehackt

1 EL Kapern, abgespült und abgetropft

½ TL Salz

1 EL Olivenöl

ZUBEREITUNGSZEIT

30 Minuten

1 Tomaten und 2 Knoblauchzehen etwa 3 Minuten in einem kleinen Topf mit Wasser kochen. Die Kochflüssigkeit abgießen, dabei 80 ml davon aufbewahren. Tomaten und Knoblauch im Mixer pürieren, dann Flüssigkeit, Joghurt und Pfeffersauce zugeben und zu einer cremigen Sauce mixen.

2 Inzwischen die Kartoffel und die restlichen 2 Knoblauchzehen etwa 7 Minuten in Wasser weich kochen. Das Wasser abgießen. Kartoffel und Knoblauch in eine große Schüssel geben und mit dem Kartoffelstampfer zerdrücken.

3 Den Lachs, 2 EL Semmelbrösel, Dill, Kapern und Salz zugeben und verrühren. Aus der Mischung 8 Küchlein formen.

4 Das Öl in einer beschichteten Pfanne bei mittlerer Hitze heiß werden lassen. Die Frikadellen in den restlichen Bröseln wenden, in die Pfanne geben und etwa 3 Minuten pro Seite goldbraun braten. Mit der Tomatensauce servieren.

> Lachs aus der Dose ist aus zwei Gründen gesund: Zum einen ist Lachs generell reich an Omega-3- Fettsäuren, die den Cholesterinspiegel senken können. Zum anderen enthält Dosenlachs sehr viel Calcium, das den Blutdruck senkt. Durch den Konservierungsprozess wird das Calcium aus den Lachsgräten frei und für den Menschen verwertbar.

Jakobsmuscheln in Orangen-Tomaten-Sauce

FÜR 2 PERSONEN

250 g Jakobsmuscheln

Für die Sauce:

225 g Tomaten

50 ml Fischbrühe

Saft von 1 Orange

2 EL trockener Weißwein

1 TL Weißweinessig

½ TL Zucker

schwarzer Pfeffer, frisch gemahlen

1 EL Olivenöl

Olivenöl zum Anbraten

Zum Garnieren:

ein paar frische Basilikumstängel

ZUBEREITUNGSZEIT

35 Minuten

1 Für die Sauce die Tomaten am Stielansatz einritzen, mit kochendem Wasser übergießen, nach 1–2 Minuten die Tomaten herausnehmen, enthäuten, entkernen und in Stücke schneiden.

2 Die Tomatenstücke, Fischbrühe, Orangensaft, Weißwein, Essig, Zucker und Pfeffer fein pürieren.

3 Das Gemisch in einen Topf geben, aufkochen und 5 Minuten köcheln lassen, bis es eingedickt ist. Öl unterrühren, bis eine glänzende Sauce entstanden ist. Die Sauce warm stellen.

4 Eine Grillpfanne mit Öl einreiben und erhitzen. Sobald das Öl heiß ist, das weiße Muschelfleisch hineingeben und in 2 Minuten kurz anbraten, wenden und nochmals 30 Sekunden braten. Muschelfleisch aus der Pfanne nehmen, in eine vorgewärmte Schüssel geben und 1 Minute ruhen lassen.

5 Die Sauce auf zwei Teller geben und die Muscheln darauf verteilen. Vor dem Servieren mit Basilikum garnieren.

Vermicelli mit Thunfisch, Oliven und Kapern

FÜR 4 PERSONEN

500 g Eiertomaten

1 Zwiebel

2 Knoblauchzehen

1 rote Chilischote

Salz

400 g Vermicelli oder Spaghettini

5 EL Olivenöl

125 g schwarze Oliven mit Kräutern

1 EL Tomatenmark

4 Zweige Basilikum

250 g abgetropfter Thunfisch
    (naturell)

frisch gemahlener Pfeffer

2 EL abgetropfte Kapern

ZUBEREITUNGSZEIT

25 Minuten

1 Die Tomaten mit kochend heißem Wasser übergießen und kalt abschrecken. Die Früchte von den grünen Stielansätzen befreien, häuten und grob würfeln.

2 Zwiebel und Knoblauch schälen und würfeln bzw. fein hacken. Chili längs halbieren, von Samen und Trennwänden befreien und in Streifen schneiden.

3 Inzwischen in einem Topf Wasser mit Salz zum Kochen bringen. Die Vermicelli oder Spaghettini darin nach Packungangabe bissfest garen.

4 Währenddessen in einer großen Pfanne mit hohem Rand 3 EL Olivenöl erhitzen. Die Zwiebel mit dem Knoblauch darin glasig dünsten. Chili und Oliven kurz miterhitzen.

5 Tomatenmark und zerkleinerte Tomaten zur Zwiebelmischung geben. Die Sauce offen etwa 5 Minuten unter gelegentlichem Rühren köcheln lassen.

6 Das Basilikum waschen und die Blättchen in Streifen schneiden. Den Thunfisch etwas zerpflücken, in die Tomatensauce geben und erhitzen. Mit Salz und Pfeffer abschmecken.

7 Die Nudeln abgießen, kurz abtropfen lassen und in der Pfanne mit der Sauce mischen. Restliches Olivenöl (2 EL), die Kapern und die Basilikumstreifen untermischen. Sofort servieren; nach Belieben geriebenen Käse dazu reichen.

Thunfisch-Tomaten-Pizzas

FÜR 4 PERSONEN

1 Zwiebel

3 TL Olivenöl

1 Dose gehackte Tomaten (400 g)

½ TL getrockneter Oregano

1 Prise Zucker

Salz

frisch gemahlener Pfeffer

1 Dose Thunfisch naturell (Abtropfgewicht etwa 200 g)

8 schwarze Oliven, entsteint

2 vorgebackene Pizzaböden (je etwa
   200 g, 15 cm Ø)

2 EL Tomatenmark

4 TL Kapern

Basilikumblätter zum Garnieren

ZUBEREITUNGSZEIT

25 Minuten

1 Den Backofen auf 220 °C vorheizen. Die Zwiebel schälen und fein würfeln. 1 TL Öl in einer kleinen Pfanne erhitzen und die Zwiebel darin glasig dünsten. Anschließend Tomaten, Oregano, Zucker, Salz und Pfeffer hinzufügen. Die Sauce 10 Minuten einköcheln lassen.

2 Thunfisch abtropfen lassen und mit zwei Gabeln in Stückchen zerpflücken. Pizzaböden auf 1 oder 2 Backbleche legen. Die Böden mit je 1 EL Tomatenmark bestreichen, dann die Tomatensauce und den Thunfisch darauf verteilen. Alles mit Kapern und Oliven bestreuen und das übrige Olivenöl (2 TL) darüberträufeln.

3 Die Pizzas im heißen Ofen (unten) etwa 10 Minuten backen, bis die Böden am Rand knusprig gebräunt sind. Die fertigen Pizzas mit Basilikum bestreuen, halbieren und servieren.

Die Pizzas schmecken auch sehr gut mit Sardinen aus der Dose anstelle von Thunfisch; die schwarzen Oliven kann man auch durch grüne (eventuell mit Paprikafüllung) ersetzen.

Gefüllte Tomaten mit Rührei und Räucherfisch

FÜR 4 PERSONEN

4 große Fleischtomaten (je etwa
    200 g)
Salz
frisch gemahlener Pfeffer
150 g Räucherfisch (z. B. 1 kleiner
    Bückling oder 1 kleine Räucher-
    forelle)
4 große Eier (L)
2 EL Sahne oder Milch
1 Kästchen Kresse
2 TL Butter
2 Zweige Dill zum Garnieren

ZUBEREITUNGSZEIT

25 Minuten

1 Die Tomaten waschen, abtrocknen und jeweils einen Deckel abschneiden. Das Fruchtfleisch aus den Tomaten nehmen und anderweitig verwenden. Die Tomaten innen kräftig salzen und pfeffern. Beiseitestellen.

2 Falls nötig, den Fisch häuten. Das Fischfleisch zerteilen, von Gräten befreien und in kleine Stücke zupfen.

3 Die Eier in eine Rührschüssel schlagen, mit Salz und Pfeffer würzen. Die Sahne dazugeben und die Kresse vom Kästchen zu Eiern und Sahne schneiden. Die Eier mit den hinzugefügten Zutaten gründlich verquirlen.

4 In einer großen beschichteten Pfanne die Butter erhitzen. Fischstücke hineinlegen und kurz anbraten, dann die Eimasse darübergießen. Diese bei mittlerer Hitze stocken lassen, dabei vom Rand immer wieder nach innen schieben, damit ein lockeres Rührei entsteht.

5 Die Tomaten auf Teller setzen, mit dem Rührei füllen und mit Dillspitzen garnieren. Die Tomatendeckel dazu anrichten und das Ganze mit Toast oder Baguette servieren.

> **Variante: Gebackene Tomaten mit Ei**
> Vier ofenfeste Förmchen ausfetten. 4 Strauchtomaten aushöhlen, salzen, pfeffern und mit 4 EL gehacktem Basilikum ausstreuen. In die Förmchen setzen und in jede Tomate ein aufgeschlagenes Ei füllen. Die Tomaten mit Ei im 200 °C heißen Ofen backen, bis die Eier wie Spiegeleier gestockt sind. Mit Baguette und grünem Salat servieren.

Tomaten-Kabeljau-Gratin

FÜR 4 PERSONEN

1 Knoblauchzehe

1 kleiner Minzezweig

5 EL Olivenöl, mehr für die Form

1 TL getrockneter Oregano

1 Messerspitze Cayennepfeffer

abgeriebene Schale von ½ unbe-
    handelten Zitrone

1 EL Zitronensaft

4 Kabeljaufilets (je etwa 175 g)

Salz

frisch gemahlener Pfeffer

800 g Tomaten

½ Bund Petersilie

2 EL Semmelbrösel

40 g geriebener Parmesan

ZUBEREITUNGSZEIT

25 Minuten

1 Knoblauch schälen und fein hacken. Minze waschen, Blättchen abzupfen und in Streifen schneiden. 4 EL Olivenöl mit Oregano, Cayennepfeffer, Zitronenschale und -saft verrühren. Minze und Knoblauch unterrühren.

2 Kabeljaufilets mit Küchenpapier trocken tupfen; salzen und pfeffern. In eine Schale legen, mit der Marinade übergießen, wenden und zugedeckt 5 Minuten ziehen lassen.

3 Inzwischen eine Gratinform fetten. Den Backofen auf 250 °C vorheizen. Tomaten waschen, von den Stielansätzen befreien und quer in Scheiben schneiden. Tomatenscheiben in die Auflaufform legen, mit Salz und Pfeffer bestreuen.

4 Petersilie waschen, Blättchen abzupfen und fein hacken. Mit Semmelbröseln und Parmesan mischen. Fischfilets auf die Tomaten legen; restliche Marinade aufbewahren.

5 Die Fischfilets mit der Semmelbröselmischung bestreuen, anschließend mit der Marinade und 1 EL Olivenöl beträufeln. Den Fisch auf den Tomaten im heißen Ofen (Mitte) etwa 10 Minuten überbacken.

Als Beilage passt Erbsenreis dazu. Dafür Schnellkochreis und TK-Erbsen jeweils nach Packungsangabe garen; beides mischen. Mit Salz, Pfeffer und 1 EL gehackten Minzeblättchen würzen, dann noch ein Stückchen Butter darin schmelzen lassen.

Fisch aus dem Ofen mit Zwiebel und Tomaten

FÜR 4 PERSONEN

1 Zwiebel

1 Knoblauchzehe

4 Tomaten

2 Zweige Thymian

1 unbehandelte Zitrone

4 dicke weißfleischige Fischfilets
    ohne Haut (je etwa 200 g)

Salz

frisch gemahlener Pfeffer

2 Lorbeerblätter

1 EL Olivenöl

4 EL Weißwein

125 ml Fisch- oder Geflügelfond

gehackte Petersilie zum Bestreuen
    (nach Belieben)

ZUBEREITUNGSZEIT

30 Minuten

1 Den Backofen auf 200 °C vorheizen. Zwiebel und Knoblauch schälen. Zwiebel in dünne Ringe, Knoblauch in feine Würfel schneiden. Tomaten waschen, trocken reiben und in Spalten schneiden.

2 Thymian waschen und trocken tupfen. Die Zitrone waschen und in Scheiben schneiden. Den Fisch abspülen und trocken tupfen.

3 Zwiebel, Knoblauch und Thymian auf dem Boden einer ofenfesten Form verteilen – sie muss so groß sein, dass die Fischfilets mit etwas Abstand nebeneinander hineinpassen. Den Fisch darauflegen; salzen und pfeffern. Mit den Zitronenscheiben belegen, Tomaten und Lorbeer zwischen die Fischfilets geben.

4 Das Olivenöl mit Weißwein und Fond verrühren. Den Fisch damit beträufeln. Im heißen Ofen 20 Minuten garen. Herausnehmen, nach Belieben mit Petersilie bestreuen und sofort servieren.

Clever vorbereiten: Alles im Voraus in die Form füllen und zugedeckt im Kühlschrank aufbewahren. 15 Minuten vor dem Garen herausnehmen und wie beschrieben im Ofen garen.

Vegetarische Hauptgerichte

Weizenpilaw mit Tomaten und Zwiebeln

250 g geschroteter Weizen

2 EL Olivenöl

3 Zwiebeln, in dünne Scheiben
geschnitten

1 Knoblauchzehe, klein gehackt

375 ml Gemüsebrühe

375 ml salzarmer Tomatensaft

1 Tomate, grob gehackt

2 EL Basilikumblätter, frisch gehackt, oder 1 EL getrocknetes
Basilikum

1 Msp. Salz

¼ TL Pfeffer

ZUBEREITUNGSZEIT

60 Minuten

1 Den Weizen in einem feinmaschigen Sieb unter fließendem kaltem Wasser abspülen, dabei leicht umrühren, sodass alle Körner gewaschen werden.

2 Das Öl in einer großen beschichteten Pfanne heiß werden lassen. Zwiebeln und Knoblauch unter Rühren darin andünsten, bis sie weich und goldbraun sind. Die Brühe und den Tomatensaft dazurühren, aufkochen lassen und den Weizen hinzufügen.

3 Einen Deckel auf die Pfanne legen und den Weizen 15 Minuten köcheln lassen, dabei immer wieder umrühren. Tomaten, Basilikum, Salz und Pfeffer unterrühren. Noch ein paar Minuten leicht kochen lassen, bis die Flüssigkeit verdampft ist. Anschließend den Pilaw warm servieren.

Den Weizen in einem feinen Sieb
unter fließendem kaltem Wasser
gründlich abspülen.

Zwiebeln und Knoblauch goldbraun
andünsten, dann Brühe und Tomatensaft hinzufügen.

Nachdem der Weizen 15 Minuten
gegart wurde, Tomaten, Basilikum,
Salz und Pfeffer unterrühren.

Nudeln in Tomatensauce nach katalanischer Art

FÜR 4 PERSONEN

500 g Tomaten, gehackt

1 Knolle Knoblauch, die Zehen
   getrennt und geschält

150 g Zwiebeln, gehackt

1 Streifen Orangenschale, ca.
   5 cm lang

2 Lorbeerblätter und 2 Stängel
   frischer Thymian, gebündelt

10–12 Safranfäden

600 ml Gemüsebrühe

1 Prise Zucker

1 EL Olivenöl

225 g Vermicelli, in Stücke
   gebrochen

Salz und schwarzer Pfeffer

Zum Garnieren:

frische Basilikumstängel

ZUBEREITUNGSZEIT

50 Minuten

1 Die Tomaten mit Knoblauch, Zwiebeln, Orangenschale, Kräutern, Safran, Brühe und Zucker in einem Kochtopf aufkochen. Zudecken, die Hitze drosseln und 20 Minuten bei milder Hitze köcheln lassen.

2 Kräuter und Orangenschale entfernen. Brühe in der Küchenmaschine oder mit dem Handmixer pürieren.

3 Die Sauce wieder in den Topf geben, Öl, Vermicelli sowie etwas Salz und Pfeffer einrühren. Aufkochen, dann bei milder Hitze ohne Deckel etwa 8 bis 10 Minuten unter gelegentlichem Umrühren weiterköcheln lassen, bis die Nudeln weich sind und die Brühe dick geworden ist. Abschmecken und mit Basilikum garniert servieren.

Überbackener Schafskäse mit Tomaten

FÜR 4 PERSONEN

400 g Schafskäse (z. B. Feta;
   2 dicke Scheiben je 200 g)

1 Knoblauchzehe

4 EL Olivenöl, mehr für das Blech

1 TL getrockneter Oregano

1 Messerspitze abgeriebene
   Zitronenschale

4 Tomaten (etwa 400 g)

Salz

frisch gemahlener Pfeffer

½ TL Puderzucker

Meersalzflocken

ZUBEREITUNGSZEIT

20 Minuten

1 Den Backofen auf 250 °C vorheizen. Ein Backblech großzügig mit Olivenöl fetten. Schafskäsescheiben diagonal halbieren. Knoblauch schälen und in Scheiben schneiden. Olivenöl mit Oregano, Zitronenschale und Knoblauch verrühren.

2 Tomaten waschen, halbieren und von den Stielansätzen befreien. Die Hälften auf den Schnittflächen salzen, pfeffern und mit Puderzucker bestäuben.

3 Die Tomaten mit den Schnittflächen nach unten und die Käsestücke nebeneinander auf dem Blech verteilen. Tomaten und Käse mit dem Knoblauch-Oregano-Öl bestreichen.

4 Das Blech in den heißen Ofen (Mitte) schieben. Tomaten und Käse 6 Minuten backen. Anschließend das Backblech auf die obere Schiene schieben. Käse und Tomaten noch 1–2 Minuten überbacken, bis der Käse leicht gebräunt ist. Währenddessen unbedingt vor dem Backofen stehen bleiben und darauf achten, dass der Käse nicht zu dunkel wird.

5 Die Käsestücke mit den Tomatenhälften anrichten und mit der entstandenen Flüssigkeit beträufeln. Mit Meersalzflocken bestreuen und sofort servieren.

> **Noch schneller geht es, wenn Sie statt der selbst gemachten Ölmischung gekauftes Kräuteröl mit Knoblauch zum Bestreichen von Käse und Tomaten nehmen.**

Pizza mit Artischocken, Zucchini und Tomaten

FÜR 1 BACKBLECH

400 g Mehl, mehr zum Arbeiten
1 Päckchen Trockenhefe
Salz
1 TL Zucker
2 EL Olivenöl
100 g gehackte Tomaten (Dose)
1 TL Tomatenmark
schwarzer Pfeffer aus der Mühle
1 Zucchini
250 g Mozzarella
1 Glas Artischockenherzen in Öl
    (Abtropfgewicht 280 g)
1 Glas getrocknete Tomaten in Öl
    (Abtropfgewicht etwa 100 g)
Basilikum zum Garnieren
Außerdem:
Backpapier

ZUBEREITUNGSZEIT

35 Minuten

1 Den Backofen auf 200 °C vorheizen. Das Backblech mit Backpapier belegen. Das Mehl mit Hefe, 1 TL Salz und Zucker mischen. Öl und 250 ml lauwarmes Wasser hinzufügen und alles zu einem glatten Teig verkneten.

2 Den Teig auf der bemehlten Arbeitsfläche auf Backblechgröße ausrollen. Auf das Blech legen, dabei rundherum einen etwa 1 cm hohen Rand formen.

3 Gehackte Tomaten mit Tomatenmark verrühren; salzen und pfeffern. Zucchini waschen, putzen und mit Mozzarella in Scheiben schneiden. Den Pizzaboden mit der Tomatenmischung bestreichen und mit den Zucchini belegen.

4 Artischocken und Tomaten aus den Gläsern nehmen, kurz abtropfen lassen und auf der Pizza verteilen. Alles mit Mozzarella belegen und mit etwas vom Artischockenöl beträufeln.

5 Die Pizza im heißen Ofen 20 Minuten (unten) backen. Herausnehmen, mit Basilikum garnieren, in Stücke schneiden und sofort servieren.

> Wenn Sie statt einer Blechpizza lieber vier einzelne Pizzas servieren möchten, zwei Backbleche mit Backpapier belegen. Den Teig in vier Portionen teilen und jede Portion zu einem Oval ausrollen. Auf jedes Blech zwei Pizzaböden geben, wie beschrieben belegen und backen.

Gefüllte Tomaten mit Erbsen-Weizen

FÜR 4 PERSONEN

4 Fleischtomaten (je etwa 200 g)

80 g TK-Erbsen

2 dünne Frühlingszwiebeln

100 g Emmentaler

100 g parboiled Weizen
   (z. B. Zartweizen/Ebly®)

Salz

frisch gemahlener Pfeffer

Außerdem:

Olivenöl für die Form

ZUBEREITUNGSZEIT

45 Minuten

1 Den Backofen auf 200 °C vorheizen. Die Tomaten waschen und von jeder Frucht einen flachen Deckel abschneiden. Das Tomateninnere mit einem Löffel herauslösen und hacken.

2 Die Erbsen antauen lassen. Die Frühlingszwiebeln waschen, putzen und in feine Ringe schneiden. Den Emmentaler raspeln.

3 In einer Schüssel den parboiled Weizen, die Frühlingszwiebeln, das Tomatenfruchtfleisch, die Erbsen und den Käse mischen. Mit Salz und Pfeffer kräftig würzen.

4 Die Mischung in die Tomaten füllen. Die Tomatendeckel aufsetzen. Eine ofenfeste Form mit Öl fetten. Die Tomaten hineingeben und im heißen Ofen (Mitte) etwa 25 Minuten garen.

Das schmeckt dazu: 300 g Joghurt mit Salz und Pfeffer verrühren. Je 4 Stängel Petersilie und Minze waschen, abzupfen und hacken. Die Kräuter unter den Joghurt rühren.

Die Bohnen aufkochen. Den Schaum, der sich dabei bildet, mit dem Schaumlöffel abschöpfen.

Die Kerne mit einem Teelöffel aus den Tomaten kratzen und das Fruchtfleisch in Würfel schneiden.

Die Salbeiblätter im heißen Olivenöl schwenken; über das fertige Gericht geben.

Bohnen-Tomaten-Gemüse mit Salbei

FÜR 4 PERSONEN

250 g getrocknete weiße Bohnen-
    kerne, über Nacht eingeweicht
600 g Tomaten, gehäutet
20 Salbeiblätter
2 EL Olivenöl
2 Knoblauchzehen, fein gehackt
Salz
schwarzer Pfeffer

ZUBEREITUNGSZEIT

120 Minuten

1 Bohnen in einer Schüssel mit Wasser bedecken; über Nacht einweichen. Am nächsten Tag abgießen, Wasser dabei auffangen.

2 Einweichwasser auf 2 l auffüllen. Mit den Bohnen in einen Topf geben; einmal aufkochen und abschäumen. Bohnen zugedeckt bei schwacher Hitze in 1–1½ Stunden weich kochen. Dann abgießen und abtropfen lassen.

3 Tomaten halbieren, die Kerne entfernen und das Fruchtfleisch in Würfel schneiden. 10 Salbeiblätter in feine Streifen schneiden.

4 In einem großen Topf 1 EL Olivenöl erhitzen. Knoblauch darin glasig dünsten, dann die geschnittenen Salbeiblätter unterrühren und kurz mitdünsten. Bohnen und Tomaten zufügen; mit Salz und Pfeffer würzen und zugedeckt bei schwacher Hitze 20 Minuten kochen.

5 Den restlichen EL Olivenöl in einer kleinen beschichteten Pfanne erhitzen und die 10 ganzen Salbeiblätter darin kurz schwenken. Bohnengemüse mit Salz und Pfeffer abschmecken, das Salbeiöl darüber verteilen. Mit dunklem Weißbrot servieren.

> Oft wird empfohlen, getrocknete Hülsenfrüchte ohne Salz zu kochen, damit sie schneller weich werden. Probieren Sie es aus – es gibt unterschiedliche Erfahrungen dazu. Sie können dem Einweich- und Kochwasser auch etwas Speisenatron zugeben, das soll das Weichwerden der Kerne beschleunigen.

Gnocchi mit Salbei und Tomatensauce

FÜR 4 PERSONEN

800 g mehligkochende Kartoffeln

Salz

frisch gemahlener Pfeffer

frisch geriebene Muskatnuss

etwa 180 g Mehl, mehr für die
   Arbeitsfläche

1 Zwiebel

1 EL Olivenöl

600 g passierte Tomaten

1 TL getrockneter Oregano

1 Messerspitze Zucker

2 Zweige Salbei

2 EL Butter

2 EL geriebener Parmesan

ZUBEREITUNGSZEIT

30 Minuten

1 Die Kartoffeln als Pellkartoffeln garen. Noch heiß schälen und durch die Kartoffelpresse drücken. Etwas abkühlen lassen.

2 Die durchgedrückten Kartoffeln mit Salz, Pfeffer und Muskat würzen. Das Mehl nach und nach hinzufügen und alles mit den Händen zu einem glatten Teig kneten. Falls der Teig klebt, noch etwas Mehl unterkneten.

3 Den Kartoffelteig auf der bemehlten Arbeitsfläche zu vier etwa 2 cm dicken Rollen formen. Jeweils zwei Rollen nebeneinanderlegen und etwa 1 cm breite Stücke davon abschneiden. Jedes Teigstück mit einer Gabel zu Gnocchi flach drücken; auf eine bemehlte Platte legen.

4 Inzwischen reichlich Salzwasser zum Kochen bringen. Die Gnocchi darin bei schwacher Hitze etwa 5 Minuten gar ziehen lassen, bis sie an der Oberfläche schwimmen.

5 Die Zwiebel schälen und würfeln. Olivenöl in einem Topf erhitzen. Zwiebel darin glasig dünsten. Die passierten Tomaten hinzufügen. Die Sauce mit Salz, Pfeffer, Oregano und Zucker abschmecken; 2 Minuten köcheln lassen.

6 Die Salbeizweige waschen. Blättchen abzupfen und trocken tupfen. Butter in einer Pfanne erhitzen; die Salbeiblättchen darin unter Wenden kurz braten.

7 Die Gnocchi mit einem Schaumlöffel aus dem Wasser heben, gut abtropfen lassen und in der Salbeibutter schwenken. Mit Parmesan bestreuen und mit der Tomatensauce servieren.

Tomatenrisotto

FÜR 4 PERSONEN

1 EL Olivenöl

60 g Zwiebeln oder Schalotten, fein
    gehackt

1 Knoblauchzehe, zerdrückt

½ l Tomatensaft

200 g Risottoreis, z. B. Arborio

1 EL Tomatenmark

100 g Eiertomaten, geschält, ent-
    kernt und gewürfelt

50 g getrocknete, eingelegte
    Tomaten, trockengetupft und in
    Streifen geschnitten

2 EL frische Basilikumblätter, klein
    gezupft

Salz und schwarzer Pfeffer

Zum Garnieren:

frische Basilikumblätter

Zum Servieren:

50 g Parmesan, gerieben

ZUBEREITUNGSZEIT

40 Minuten

1 Öl in einem großen beschichteten Topf erhitzen. Zwiebeln oder Schalotten und Knoblauch zufügen und bei milder Hitze 5 Minuten schwenken, bis sie weich, aber noch nicht gebräunt sind.

2 Den Tomatensaft in einem anderen Topf zum Köcheln bringen.

3 Den Reis in den Topf mit den Zwiebeln geben und 1–2 Minuten unter gleichmäßigem Rühren bei mittlerer Hitze glasig dünsten.

4 Einen kleinen Schöpflöffel Tomatensaft zum Reis geben und umrühren, bis er ganz aufgenommen ist. Mit dem Rest Tomatensaft ebenso verfahren. Den Reis 10–15 Minuten weitergaren, bis er weich und cremig ist. Bei Bedarf noch etwas Wasser zugeben.

5 Tomatenmark, die vorbereiteten frischen und getrockneten Tomaten und klein gezupftes Basilikum unter den Reis mischen und nach Belieben salzen und pfeffern. Mit Basilikumblättern garnieren und servieren. Dazu Parmesan reichen.

Als Variante 50 g klein geschnittene Pilze in den köchelnden Tomatensaft geben oder zum Schluss 4 EL Frischkäse untermischen.

Gebackene Tomaten mit Parmesankruste

FÜR 8 PERSONEN

4 große Fleischtomaten (à 230 g)

½ TL Salz

2 Scheiben Vollkornbrot (50 g)

3 EL Parmesankäse, frisch gerieben

1 TL Olivenöl

80 ml Balsamico-Essig

2 EL brauner Zucker

2 EL Wasser

ZUBEREITUNGSZEIT

30 Minuten

1 Den Backofen auf 200 °C vorheizen. Den Stielansatz der Tomaten entfernen und die Tomaten horizontal halbieren. Die Tomaten mit der Schnittseite nach oben nebeneinander in eine Auflaufform setzen und mit Salz bestreuen.

2 Die Brotscheiben im Mixer zu Bröseln zerkleinern. Die Brotbrösel mit Parmesan und Öl in einer kleinen Schüssel vermischen. Die Parmesanmischung auf den Tomaten verteilen.

3 Die Tomaten – nicht abgedeckt – etwa 25 Minuten überbacken, bis der Parmesan gebräunt ist.

4 Inzwischen Essig, Zucker und Wasser in einer kleinen Pfanne vermischen, aufkochen lassen und etwa 3 Minuten lang zu einem Sirup einkochen. Die Essigmischung über die gebackenen Tomaten träufeln.

Suchen Sie sich für dieses lecker überbackene und glasierte Tomatengericht Früchte mit dem schönsten Rot aus. Eine intensive Farbe deutet nämlich auf einen hohen Gehalt an Lycopin hin, einem Karotinoid, das sowohl Herzkrankheiten als auch Krebs bekämpfen kann.

Mit einem kleinen Küchenmesser den
Stielansatz der Tomaten entfernen.

Die Parmesanmischung über
die Tomaten in der Auflaufform
streuen.

In einer kleinen Pfanne Wasser,
braunen Zucker und Balsamico-Essig
aufkochen.

Spinat-Tarte mit Eiern

FÜR 4 PERSONEN

1 Rolle Blätterteig (275 g; aus dem
   Kühlregal)
400 g junger Blattspinat
100 g geriebener Emmentaler
3 EL Semmelbrösel
5 Eier
Salz
frisch gemahlener schwarzer
   Pfeffer
100 g Cocktailtomaten
Olivenöl zum Beträufeln (nach
   Belieben)

ZUBEREITUNGSZEIT

35 Minuten

1 Den Backofen auf 200 °C vorheizen. Reichlich Wasser aufkochen lassen. Inzwischen den Blätterteig auf einem Backblech entrollen. Die Teigplatte mit einer Messerspitze rundherum etwa 2 cm vom Rand entfernt einritzen.

2 Den Spinat in ein großes Sieb geben und mit dem kochend heißen Wasser übergießen. Sofort mit kaltem Wasser abschrecken, dann kräftig ausdrücken. Den Spinat hacken.

3 Den Spinat in einer Schüssel mit Käse, Semmelbröseln und 1 Ei mischen. Die Masse mit Salz und Pfeffer abschmecken, dann auf der Teigplatte innerhalb des markierten Rahmens verteilen.

4 Die Tomaten waschen und in Scheiben schneiden. In die Spinatmasse vier Mulden drücken, in jede Mulde ein Ei aufschlagen und die Tomaten auf dem Spinat verteilen. Tomaten und Eier salzen und pfeffern.

5 Die Tarte im heißen Ofen (Mitte) 20 Minuten backen. Vor dem Servieren mit etwas schwarzem Pfeffer bestreuen und nach Belieben mit etwas Olivenöl beträufeln.

Für Gäste: Spinat-Tarteletts mit Ei schmecken als Vorspeise heiß und kalt gleichermaßen gut. Dafür sechs Tartelettförmchen mit dem Blätterteig auskleiden. Die Spinatmasse auf dem Teig verteilen. Je ein Ei daraufschlagen und mit Tomatenscheiben umlegen; salzen und pfeffern. Die Tarteletts im 200 °C heißen Ofen 15–20 Minuten backen.

Tomaten-Halloumi-Gratin

FÜR 4 PERSONEN

400 g Halloumi (zypriotischer
   Grillkäse)

6 Tomaten (etwa 600 g)

120 g entsteinte schwarze Oliven

4 Zweige Oregano oder
   2 TL getrockneter Oregano

4 EL Olivenöl, mehr zum
   Bestreichen

Salz

frisch gemahlener Pfeffer

ZUBEREITUNGSZEIT

30 Minuten

1 Den Backofen auf 220 °C vorheizen. Den Halloumi in 1 cm dicke Scheiben schneiden. Die Tomaten waschen, von den Stielansätzen befreien und in Scheiben schneiden.

2 Die Oliven abtropfen lassen und quer in Ringe schneiden. Frischen Oregano abbrausen und die Blätter abzupfen.

3 Eine Auflaufform (etwa 30 × 30 cm) mit Olivenöl ausfetten. Die Halloumi- und Tomatenscheiben dachziegelartig hineinschichten.

4 Olivenringe und Oregano daraufstreuen. Alles leicht salzen und mit Pfeffer bestreuen. Das Öl darüberträufeln. Das Gratin im heißen Ofen (unten) 15–20 Minuten backen.

Auch die Variante Zucchini-Tomaten-Gratin mit Ziegenkäse schmeckt: Zwei Zucchini längs in 0,5 cm dünne Scheiben schneiden und in einer beschichteten Pfanne in Olivenöl portionsweise auf beiden Seiten 1–2 Minuten braten. Anschließend dachziegelartig in eine gefettete Lasagneform schichten; salzen und pfeffern. 200 g stückige Tomaten mit Kräutern darauf verteilen. 100 g Ziegenfrischkäse grob zerbröseln und darüberstreuen. Im 220 °C heißen Ofen (unten) 20 Minuten bzw. unter dem heißen Backofengrill (Mitte) 4–5 Minuten überbacken, bis der Käse leicht gebräunt ist. Mit Petersilie bestreuen und servieren.

Spaghetti alla Napoletana

FÜR 4 PERSONEN

1 kg sonnengereifte Tomaten
(Eier-oder Fleischtomaten)
Salz
400 g Spaghetti
5 EL Olivenöl
frisch gemahlener Pfeffer
1 Messerspitze Zucker
1 Bund Basilikum
50 g geriebener Parmesan

ZUBEREITUNGSZEIT

25 Minuten

1 Die Tomaten mit kochend heißem Wasser übergießen, kalt abschrecken, von den grünen Stielansätzen befreien und häuten. Das Tomatenfruchtfleisch in Würfel schneiden.

2 Inzwischen in einem Topf Wasser mit Salz zum Kochen bringen. Die Spaghetti hineingeben und nach Packungsangabe bissfest garen.

3 Währenddessen in einem zweiten Topf das Olivenöl erhitzen. Die Tomatenwürfel hineingeben und bei schwacher Hitze unter gelegentlichem Rühren offen köcheln lassen, bis die Spaghetti gar sind. Mit Salz, Pfeffer und Zucker würzen.

4 Inzwischen das Basilikum waschen und trocken schütteln. Die Blättchen abzupfen und in Streifen schneiden.

5 Die Spaghetti abgießen, gut abtropfen lassen und zu den Tomaten geben. Die Basilikumstreifen und die Hälfte des geriebenen Käse dazugeben; gut mischen.

6 Die Tomaten-Spaghetti auf vorgewärmten Tellern anrichten und mit dem restlichen Parmesan bestreuen. Die Portionen nach Belieben mit Basilikumblättchen garnieren. Sofort servieren.

Variante: Tomaten-Spaghetti mit Kräuterfrischkäse
500 g passierte Tomaten (Passata) erhitzen. Mit Salz, Pfeffer und einer Messerspitze Zucker abschmecken. Die Sauce mit einer zerdrückten Knoblauchzehe würzen. 2 EL Olivenöl und 150 g Kräuterfrischkäse unterrühren. Die gegarten, abgetropften Spaghetti, die Basilikumstreifen und zwei zerkleinerte Frühlingszwiebeln mit der Tomatensauce mischen. Die Tomaten-Spaghetti anrichten und mit geriebenem Käse bestreuen. Sofort servieren.

Kartoffelpäckchen mit Tomaten und Kohlrabi

Für 4 PERSONEN

500 g vorwiegend festkochende
   Kartoffeln
400 g Kohlrabi
Salz
250 g Tomaten
½ Bund Schnittlauch
1 TL getrockneter Oregano
1 TL getrockneter Thymian
200 g Scamorza oder anderer
   Räucherkäse, in Scheiben
frisch gemahlener Pfeffer
40 g Butter
Außerdem:
4 Stücke extrastarke Alufolie
(je 45×40 cm), Öl zum Bestreichen

ZUBEREITUNGSZEIT

30 Minuten

1 Kartoffeln schälen und in 1 cm dicke Scheiben schneiden. Kohlrabi schälen und in 0,5 cm dicke Scheiben schneiden; große Exemplare vorher halbieren. In einem Topf Wasser mit Salz zum Kochen bringen. Die Kartoffelscheiben darin etwa 5 Minuten garen, dann die Kohlrabischeiben dazugeben und alles noch 10 Minuten garen.

2 Inzwischen die Tomaten waschen, von den Stielansätzen befreien und in etwa 1 cm dicke Scheiben schneiden. Den Schnittlauch waschen und in Röllchen schneiden. Mit Oregano und Thymian mischen. Kartoffeln und Kohlrabi abgießen und abtropfen lassen.

3 Die glänzenden Seiten der Folienstücke mit Öl einpinseln. Käsescheiben halbieren. Kartoffel-, Kohlrabi- und Tomatenscheiben auf den Folienstücken arrangieren, dabei die Käsescheiben dazwischen verteilen. Mit Salz, Pfeffer und der Kräutermischung würzen. Die Butter in Flöckchen auf dem Gemüse verteilen.

4 Die Päckchen gut verschließen, damit sie dicht sind. Etwa 10 Minuten grillen, bis Kartoffeln und Kohlrabi gar sind; dabei nicht wenden. Die Gemüsepäckchen öffnen und anrichten.

Das schmeckt dazu: Kräuterquark passt bestens zu den Gemüsepäckchen – entweder eine fertige Zubereitung nehmen oder Speisequark mit gehackten Kräutern (Petersilie, Schnittlauch, Kerbel) sowie Salz, Pfeffer und edelsüßem Paprikapulver verrühren.

Tomaten mit goldgelber Risottofüllung

Für 4 PERSONEN

8 vollreife, aromatische Tomaten
2 EL Olivenöl
4 Frühlingszwiebeln, in Ringe
   geschnitten
1 Knoblauchzehe, zerdrückt
125 g Risotto- oder Paellareis
1 Messerspitze Safranfäden
2 TL kleine Kapern
400 ml Kalbsfond oder Gemüsebrühe
Salz
schwarzer Pfeffer
Zitronensaft
½ Bund Basilikum, in Streifen
   geschnitten

ZUBEREITUNGSZEIT

60 Minuten

1 Von den Tomaten jeweils einen Deckel abschneiden. Aus den Früchten Kerne und Saft vorsichtig mit einem Teelöffel herausholen; wegwerfen. Tomaten aushöhlen, das Fruchtfleisch hacken und beiseitestellen. Die Tomaten umgedreht auf mehreren Lagen Küchenpapier abtropfen lassen.

2 Olivenöl in einer hohen Pfanne oder einem Topf erhitzen. Frühlingszwiebeln und Knoblauch darin glasig dünsten. Reis und Safran zugeben, unter Rühren kurz mitdünsten. Tomateninneres und Kapern unterrühren; Fond oder Brühe zugießen.

3 Die Risottofüllung einmal aufkochen, dann den Reis bei schwacher Hitze zugedeckt in 15–20 Minuten ausquellen lassen. Den Backofen auf 200 °C vorheizen.

4 Risotto mit Salz, Pfeffer und Zitronensaft abschmecken; in die Tomaten füllen. Die Tomatendeckel auflegen und die Tomaten in eine Gratinform setzen. Im heißen Ofen 15 Minuten garen. Mit Basilikum garnieren.

> **Safran ist das teuerste Gewürz der Welt. Schon eine Messerspitze (etwa 0,1 g) davon genügt in der Regel, um ein Gericht gelb zu färben und zu würzen. Verwenden Sie vorzugsweise Safranfäden, dann können Sie sicher sein, kein „gestrecktes" Gewürz erworben zu haben.**

Von den Tomaten Deckel abschneiden. Kerne und Saft vorsichtig mit einem Teelöffel aus den Tomaten herausholen.

Reis und Safran in den Topf geben, unter Rühren ebenfalls glasig werden lassen.

Die Reisfüllung in die Tomaten geben und die Deckel auflegen.

Tomaten-Bulgur mit Bohnen und Mais

FÜR 4 PERSONEN

4 Schalotten

2 Knoblauchzehen

4 EL Olivenöl

4 TL Tomatenmark

200 g Bulgur

200 ml Tomatensaft

200 ml Gemüsebrühe

1 Dose rote Kidneybohnen (250 g)

1 Dose Maiskörner (140 g)

Salz

frisch gemahlener Pfeffer

1 Bund Petersilie

2–3 TL Zitronensaft

ZUBEREITUNGSZEIT

25 Minuten

1 Schalotten und Knoblauch schälen und fein würfeln. Das Olivenöl in einem Topf erhitzen und die Schalotten darin glasig dünsten. Knoblauch und Tomatenmark dazugeben und kurz mitbraten. Den Bulgur unterrühren.

2 Tomatensaft und Gemüsebrühe dazugießen, aufkochen lassen und mit Salz und Pfeffer würzen. Den Bulgur zugedeckt bei schwacher Hitze etwa 10 Minuten quellen lassen.

3 Inzwischen die Petersilie waschen und trocken schütteln; die Blätter abzupfen und grob hacken.

4 Kidneybohnen und Maiskörner abtropfen lassen; unter den Tomaten-Bulgur mischen.

5 Den Bulgur mit Zitronensaft, Salz und Pfeffer abschmecken. Die gehackte Petersilie daraufstreuen.

Tortelloni mit Tomaten, Rucola und Schnittlauch

250 g Cocktailtomaten

2 Knoblauchzehen

Salz

5 EL Olivenöl

½ TL Zucker

frisch gemahlener Pfeffer

2 TL Balsamico-Essig

500 g Tortelloni mit Käse-
Kräuter-Füllung (Kühlregal)

50 g Parmesan

1 Bund Schnittlauch

50 g Rucola, mehr zum Garnieren
(nach Belieben)

1 EL Kapern, abgetropft

ZUBEREITUNGSZEIT

15 Minuten

1 Die Cocktailtomaten waschen und halbieren. Die Knoblauchzehen schälen, mit Salz bestreuen und mit dem Messerrücken zerdrücken. Den zerdrückten Knoblauch mit 4 EL Olivenöl verrühren.

2 Das restliche Olivenöl (1 EL) in einem Topf erhitzen. Tomatenhälften hineingeben, mit Zucker und Salz bestreuen; 5 Minuten dünsten. Anschließend mit Pfeffer und Balsamico-Essig würzen.

3 Inzwischen in einem zweiten Topf Wasser mit Salz zum Kochen bringen. Die Tortelloni darin nach Packungsangabe garen.

4 Den Parmesan in Späne hobeln. Den Schnittlauch waschen und in Röllchen schneiden. Den Rucola waschen und grob zerkleinern, dabei die harten Stiele entfernen.

5 Die Tortelloni abgießen. Mit dem Knoblauch-Olivenöl zu den Tomaten in den Topf geben und untermischen, dann Rucola, Schnittlauch und Kapern unterheben. Alles zugedeckt bei schwacher Hitze 1 Minute ziehen lassen.

6 Das Nudelgericht auf Teller verteilen. Die Portionen mit den Parmesanspänen bestreuen und nach Belieben mit Rucolablättchen garnieren.

Register

Impressum und Bildnachweis

Autorin

Cornelia Klaeger, München (Einleitung)

Reader's Digest

Redaktion: Falko Spiller
Grafik: Roland Sazinger
Prepress: Frank Bodenheimer

Chefredakteurin Ressort Buch: Dr. Renate Mangold
Art Director: Susanne Hauser

Produktion

arvato distribution: Thomas Kurz

Druckvorstufe

BORN London Limited

Druck und Binden

Printer Portuguesa, Rio de Mouro, Portugal

© 2015 Reader's Digest Deutschland, Schweiz,
Österreich
Verlag Das Beste GmbH, Stuttgart, Zürich, Wien

GR 25117/G
Printed in Portugal

ISBN 978-3-95619-140-4

Bildnachweis

Alle Bildrechte bei Reader's Digest außer auf den
Seiten 6 iStockphoto.com/MmeEmil; 12 iStockpho-
to.com/GOSPHOTODESIGN; 13 iStockphoto.com/
IngaNielsen